" 아름다운 눈을 갖고 싶으면
다른 사람들에게서 좋은 점을 보아라.
아름다운 입술을 갖고 싶으면 친절한 말을 하라. "

- 오드리 햅번 〈Audrey Hepburn〉 -

Mind Age33
**띵킹디자이너**
Thinking Designer


**펴낸날** 초판1쇄 2021년 12월 31일
        재판1쇄 2023년 12월 31일
**지은이** 김정대

**펴낸곳** (주)엔아이디
**편 집** (주)엔아이디
**주 소** 광주광역시 서구 내방로241번길 5-5
**전 화** 062. 382. 0319

ISBN 979-11-977358-0-6

ⓒ 김정대,2021

이 책의 내용을 쓰고자 할 때는, 반드시 저작권자와 출판사의 허락을 받아야 합니다.

# 띵킹 디자이너
## Mind Age33
### Thinking Designer

지난 세월 아름다운 흔적을 그리다.

김정대 지음

# 프롤로그. Prologue

하늘에 정처 없이 흘러가는 구름처럼 우리들이 맞이하고 있는 일상의 시간들도 소리 없이 끊임없이 흘러가고 있다. 우리가 알지 못한 순간, 지나간 세월의 흔적들이 하나하나 우리들의 마음에 남아 쌓여가고 있을 것이라고 생각된다.

한 생명이 이 땅에 태어나 살다가 때가 되면 소리 없이 인생을 마감하면 시간이 지나면서 기억 속에서 서서히 사라져가고 있다는 사실을 우리 모두는 말하지는 않지만 늘 생각 속에서만 느끼며 살아가고 있다. 이런 현실이 우리들의 인생의 이야기인지도 모른다.

이러한 상황 속에서 나만의 관점에서 인생을 반추해 보면서, 우리가 멈추지 않고 지나가는 시간 속에서 내가 살아왔던 나만의 인생의 흔적들을 알리고 내가 이 세상에 없는 그날에도 "김.정.대"라는 이름 석자를 기억할 수 있도록 먼저 나의 가족들에게 더 나아가 나와 친하게 지냈던 공직 동료들과 지인들에게도 나를 기억하게 하려는 소소한 마음들이 시간이 갈수록 커져만 가고 있어 이렇게 결심하게 되었다.

나에게는 지난 세월이 귀하고 소중했고 아름다웠기에 "지난 세월, 아름다운 흔적을 그리다"라는 나의 발자취를 정리하게 되었다.
어떻게 보면 아주 개인적인 나의 자서전이기도 하지만 태어나서 공직생활 40여 년을 재직하면서 잊을 수 없는 추억의 흔적들과 새로운 생각들을 서기관 근무 시절에 많이 남겼던 것 같다.

나만이라도 그때를 기억하고 싶고, 그 소중했던 것들을 다시 한번 생각하고 싶어서, 내 컴퓨터 파일 속에 숨겨져 있는 작은 보따리를 펼쳐 보고자 한다.

이런 생각을 진즉 행동으로 옮기지 못한 것은 자칫하면 나의 자랑거리가 될 수 있다는 생각을 하면서 망설이고 있었는지도 모른다. 그러나, 이제 나는 인생 전반부 60인생을 건강하게 보내고 남은 인생 후반부 60인생을 향해 가는 이때에, 그 누구의 눈치도 볼 필요가 없는 자유분방한 "자연인"이 된 지금, 용기를 내어 나를 드러내고 "나를 기억해 주는 사람이 많았으면 좋겠다"라는 작은 소망 속에서 발간하게 되었다.

이 책을 대하는 독자 여러분은 바로 아시겠지만 저라는 사람은 글을 잘 쓰는 문학가도 예술가도 아니기에 그동안 있었던 일들을 사실(Fact) 위주로 서술하였으며 "한번 태어난 우리 인생 어떻게 살아야 잘 살았다고 할 수 있을까?"에 대해 질문을 던져 본다.

흐르는 세월을 거슬러 올라 65년 전에 전남 강진군 옴천면 첩첩산중 한 농부의 10남매 중 막내아들로 태어났다. 우리 집은 아들이 다섯 명, 딸이 다섯 명으로 부모님은 욕심도 많았지만 공평하셨던 분이 분명하다. 이러한 집안에서 어린 시절을 12명 대가족의 막내이기에 모든 걸 혼자 알아서 척척하지 않으면 밥도 제대로 먹지 못하는 분위기가 "나를 강하게 독립심을 키워 주었다"라고 생각한다.

그렇게 살아오면서 형성된 나의 성격과 태도는 어떤 어려움과 상황에도 스스로 알아서 하는 편이 많았기에 살아오면서 많은 도움이 되었던 것 같다. 그래서 공직생활도 근면. 성실. 정직을 무기로 근무했기에 40여 년 재직기간 내내 어떠한 유혹에도 흔들리지 않았고 무탈하게 마치게 되어서 진심으로 "나 자신에게 칭찬을 해 본다."

이 세월 속에 남겨진 이야기들을 part1에, 서기관 시절 멋진 생각을 신문사에 공유한 흔적을 part2에, 인생 후반부에 활동하고 있는 상황을 part3에, 시간 날 때마다 멋진 곳을 찾아 느낀 생각과 감성들을 part4에서 펼쳐 보았다.

나의 인생을 살아오면서 겪었던 다양한 경험과 앞으로 살아가야 할 여정들을 맞이하면서 "보이지 않는 것들을, 들리지 않고 느껴지지 않는 것들을 보고, 듣고, 느낄 수 있는 귀한 시간들이 되길 기대해 본다.

끝으로, 40 여년 공직생활을 무탈하게 내조를 해 준 사랑하는 아내 이혜영께 고마움을 전하고 또한, 나의 인생 후반부를 멋지게 대학에서 강의할 수 있도록 도와주신 박상철 호남대학교 총장님께 깊은 감사를 드린다.

그동안 앞만 보고 살아온 한 사람의 숨은 인생 스토리 속에서 함께 했던 소중한 분들에게도 감사를 드리면서, 우리 모두의 남은 인생 가운데 맞이하는 일상의 삶이 "멋지게, 건강하게, 행복하게" 후회됨 없이 살아가길 바라본다.

목 차

## part 1,
Time 전반부
# 지난세월,
# 아름다운 추억을 그리다.

### # Good Idea가 공직의 삶을 확 바꾸다.

1. 낯선 시골 농어촌에서 공직생활이 시작되다. · 18
2. 5년간 방송강의를 통해서 학사학위를 취득하다. · 21
3. 도시행정의 꿈을 향한 도전이 시작되었다. · 24
4. 농촌행정에서 도시행정의 새로운 탈바꿈이 시작하다. · 27
5. 구청근무때 관련업무 제도개선 활동을 시작하다. · 29
6. 최초로 시 발전제안 Idea모집에서 최우수제안상을 받다. · 31
7. 지속적인 창의력활동을 통해 새로운 생각들을 키우다. · 33
8. 쉼없는 창의적인 제안활동으로 아이디어 100건을 발굴하다. · 36
9. 일상의 문제해결을 위한 Idea제안으로 사무관 특별승진하다. · 45
10. Good Idea가 공직의 삶을 확 바꾸다. · 48
11. 열정을 품은 혁신전도사로 활동하다. · 50
12. 행복공장CEO가 되기 위해 석사학위 도전하다. · 53
13. 공직에서 무탈하게 명예롭게 졸업하다. · 55
14. 나에게 보낸 칭찬의 편지 · 59
15. 공직 졸업여행을 두바이.스페인.포루투칼로 떠나다. · 61

## part 2,
Time 전반부

# 공직생활중에 멋진 생각들을 담다.

# 4급서기관 시절, 신문사에 남긴 좋은 생각들을 다시 펼쳐 본다.

1. 국제행사성공으로 글로벌 광주도시브랜드를 높이자. · 70
    (20120917. 광주국제행사성공시민협의회 설립준비단장, 무등일보 기고)
2. 풍부한 상상력이 발전을 견인하는 창조경제시대. · 73
    (20130425. 시의회 산업건설전문위원, 광주매일신문 기고)
3. 미소는 최고의 전략이다. · 76
    (20130515. 시의회 산업건설전문위원, 전남일보 기고)
4. 창의적인 멋진생각으로 하루를 시작한다면 · 79
    (20130710. 시의회산업건설 전문위원, 광주매일신문 기고)
5. 삶의 성장변곡점인 Tipping Point . · 82
    (20130830.시의회산업건설 전문위원, 무등일보 기고)
6. 행복공장 CEO의 꿈. · 85
    (20131007. 시의회산업건설 전문위원, 광남일보 기고)
7. 꿈이 있다면 그 어떤 상황속에서도 일어 설 수 있다. · 88
    (20140113. 시의회 산업건설전문위원, 광주매일신문 기고)
8. 나를 사랑하게 하는 긍정의 힘 · 91
    (20140307. 시의회 산업건설전문위원, 전남매일 기고)
9. 삶속에서 만들어 가는 "행복지수" · 94
    (20140411. 시의회 산업건설전문위원. 남도일보 기고)
10. 소셜미디어 시대 바라보는 "관점의 변화" · 97
    (20140801. 시의회 산업건설전문위원. 광남일보 기고)

11. 기업과 함께 호흡하자. · 100
    (20141121. 기업육성과장. 광남일보 기고)
12. 100대 명품강소기업 육성하자. · 103
    (20150107. 기업육성과장. 광남일보 기고)
13. 지역경제 활력을 불어넣는 "광주유니버시아드대회" · 104
    (20150708. 경제과학과장. 전남매일신문 기고)
14. 거인의 어깨 "광주창조경제혁신센터" · 105
    (20150813. 경제과학과장. 광주매일신문 기고)
15. 기업성공의 비즈니스 메카 "광주이노비즈센터" 역할 · 108
    (20150903. 경제과학과장. 남도일보 기고)
16. "광주연합기술지주회사"에 거는 기대. · 111
    (20151111. 경제과학과장. 전남매일신문 기고)
17. 성공DNA 깨우는 "광주창조경제혁신센터". · 114
    (20151126. 경제과학과장. 무등일보 기고)
18. 변화 흐름속에 바래본 "생각디자이너"의 꿈. · 117
    (20151202. 경제과학과장. 전남매일 기고)
19. 샌프란시스코에서 느낀 "고수의 인생." · 120
    (20151225. 경제과학과장, 전남매일 기고)
20. 우리 인생 후회됨이 없이 멋스럽게.. · 123
    (20160111. 일자리정책과장. 광주매일신문 기고)
21. 역량개발교육 퍼실리테이터 활동을 꿈꾸며. · 126
    (20160329. 일자리정책과장. 광주매일신문 기고)
22  STARTUP 창업도시 광주 선언. · 129
    (20160519. 일자리정책과장. 전남매일 기고)
23. 1913송정역시장 창업 성공스토리. · 132
    (20160525. 일자리정책과장. 전남매일 기고)
24. 이제 새로운 땅에 새 그림을. · 135
    (20160628. 일자리정책과장. 광주매일신문 기고)
25. 사회적경제박람회 광주에서 개최하면서. · 138
    (20160629. 일자리정책과장. 무등일보 기고)

## part 3,
Time 중반부
### 새로운 땅에
### 새로운 사람들을 만나다.

# 인생은 지금부터, 새로운 곳을 찾아 다양한 프리랜서로 활동하다.

1. 대학교수로 새로운 길을 가다. · 144

2. 새로운 생각을 전하는 강사로 활동하다. · 146

3. 퍼실리테이터 활동을 통해 공직자 역량을 키워가다. · 148

4. 중소벤처기업부 시민감사관 위촉되어 보람된 일을 시작하다. · 150

5. "사회적기업SE프로" 활동을 통해 사회적경제 가치를 높이다. · 151

6. 청년 창업멘토 컨설팅을 통해 지속성장창업을 리딩하다. · 154

7. 광주전남벤처기업협회 자문위원으로 중소기업발전에 함께하다. · 156

8. 법무부 교정위원으로 재소자를 찾아 희망을 전하다. · 158

9. 시민과 소통/협력 행정을 위한 각종위원회 활동하다. · 160

10. 광주인공지능산업융합산업단 AI전문가 자문단 활동하다. · 163

## part 4,
Time 후반부
# 좋은 곳에서
# 삶의 멋진 생각을 담다.

# 소소한 일상의 삶속에서 "생각의 결"을 4季 메모장에 남기다.

**+ 봄의 향기속에서,**

   1. 120년 세월의 흔적을 남겨가는 장독 항아리 · 168
   2. 완도 약산 득암항구 · 170
   3. 촛불이 주는 감성 · 172
   4. 화목한 가정 & 행복 바이러스 · 174

**+ 여름의 태양아래서,**

   5. 파도속에서 들려준 인생 독백 · 176
   6. 지난 여름 부부이야기 · 178
   7. 눈길 받지 못한 콩란 · 180
   8. 자연을 떠나서는 살 수 없는 걸까? · 182
   9. 바닷가 나의 인생무대 · 184
   10. 아름다움 & Beauty · 186

**+ 가을의 낭만속에서,**

   11. 테라스 홈카페에 그림 그리는 뭉게구름 · 188
   12. 어둠속에서 주는 호롱불의 의미 · 190
   13. 가족 패밀리 나들이 · 192
   14. 아들이 좋아하는 GMC밴 · 194
   15. 우리가 웃어야 하는 이유 · 196
   16. 부부는 닮아 간다. · 198
   17. 닮아가는 중년부부 · 200
   18. 가을 들녘에서 · 202
   19. 수만리에서 바라본 해녁 · 204
   20. 대칭의 아름다움 · 206

+ **겨울의 차가운 바람속에서,**

21. 밤에 산책이 주는 선물 · 208
22. 멋진 인생을 힘껏 노래하자. · 210
23. 2020.12.24. 크리스마스 이브. · 214
24. 2020년을 보내면서 · 216
25. 2021년 1월 제주여행 · 218
26. 아름다운 바닷가 풍광 · 220

+ 일상의 소소한 삶 현장속에서,

27. 하루 일상을 시작하면서 · 222

28. 김이안 돌 이야기 · 224

29. 그대는 무슨생각에 잠겨 있나요. · 226

30. 임지아 만의 멋 · 228

31. 동심은 알 수가 없다. · 230

32. "김.정.대" 이름처럼 살아가고 있는가 ? · 232

33. 저 세상에 계시는 부모님이 보고 싶다. · 234

34. 후리지아 향기속에서 맞이하는 하루 · 235

35. 대학캠퍼스 비대면강의 · 238

36. 세월흐름속에 "1-2-4-10" 가족사진 · 240

37. 나의 사랑하는 손자손녀들 · 244

38. "띵킹디자이너" 김정대에게 묻는다. · 246

39. 광주에 온 행복둥이들 · 250

40. 할미도섬의 멋진풍광 · 254

41. 영원함을 다짐하다. · 258

42. 카페 풍광속에서 · 260

43. 초등학교 동창들과 즐거운 여행 · 262

44. 둘만의 시간을 화순 세랑지에서 · 264

45. 대학교 총학생회 입후보자와 함께 · 266

46. 행복한 공간 우리집 루프탑 · 268

47. 동네소식지에 우리집 소개되다. · 270

48. 12월 25일 메리크마스 · 274

49. 건강한 삶을 위하여 · 276

50. 좋은 생각속에 기쁨을 많이 경험하리라. · 278
51. 나의 이미지 메이킹 · 282
52. 환한 미소속에 "띵킹디자이너" 생각 · 286
53. 항상 매사에 감사하라. · 288
54. 장흥 천관산을 등반하다. · 290
55. 대학캠퍼스에 복사꽃이 만개하다. · 292
56. 베트남 다낭여행을 떠나다. · 294
57. "필리필리 치즈 스테이크" · 298
58. 루프탑 항아리 카페의 하루 · 300
59. 순천정원박람회 그곳에서 · 302
60. 방학중에 찾은 대학캠퍼스 · 304

# PART 01

Time 전반부

## Part 1. Time 전반부

지난 세월 아름다운 추억을 그리다

# 01
# 낯선 시골 농어촌에서 공직생활이 시작되다.

나는 강진군에서 가장 면적이 작은 옴천면 산골에서 태어났다. 시골 개울가에서 동네 친구들이랑 어린 시절을 보내고 옴천 국민학교 병영중학교를 마치고 광주로 고등학교를 가게 되었다. 광주에서 큰형님 댁에 같이 살면서 고등학교를 어려움 없이 졸업하게 되었다. 졸업 후 모 대학 영어교육학과를 지망하고 도전했는데 불합격되어 재수생활을 하게 되었다. 학원 다니며 대학을 준비하면서 대학입시보다는 또 다른 꿈을 꾸게 되었다.

사람은 태어나서 타고난 소질과 기술을 개발하여 평생의 직업을 얻거나 또한, 자자손손 선대부터 이어져 내려오는 집안 선친(先親) 기술을 이어받아 장인 정신으로 대(代) 물림을 이어가기도 하고 대학 졸업 후 사회인으로서 첫 출발하게 되는 등 다양한 형태와 방법으로 직업을 얻게 된다. 그러나, 나 자신은 다양한 직업군 가운데 전라남도 지방공무원이 되었다. 그것도 대학생활을 마치고 직장을 얻은 것도 아니고 광주에서 고등학교를 바로 졸업하고 대학입시 준비과정에서 공무원 시험에 응시 합격하여 대학보다 먼저 직장을 얻게 되었다.

이렇게 된 것도 감추어진 비밀이 있는데 대학 예비고사, 지금은 수학 능력고사를 바로 마치고 그동안의 공부로 쌓인 피로감을 풀기 위해 나의 가장 친한 친구들과 첫 미팅을 시작으로 여수 오동도까지 가서 즐거운 시간을 보냈는데, 그동안 정신적으로 집중 관리 되었던 나의 모습들이 순간 무너지기 시작하여 대학 본고사 시험에 불합격되어 불가피 재수를 하게 되었고 그런 와중에 무등 고시학원에 등록하여 지방공무원 시험준비(3개월) 하여 전라남도 지방공무원 공개경쟁시험에 운 좋게 한 번에 합격되었다.

공직생활을 희망하는 곳은 나의 고향 강진군보다는 나를 아무도 알지 못하는 장흥군 근무를 희망하여 38:1의 경쟁률을 치르고 당당하게 합격하였다. 합격 소식 3개월 만에 1977년 11월 5일 장흥군 관산읍 사무소에 발령받아 소도읍 도농 행정을 시작하게 되었다.

근무 후 3개월이 지난 즈음에 국방의무를 마치기 위해 휴직하고 군대에 입대했는데 최전방지역인 강원 인제군에 있는 군부대에 배치되어 30개월의 군 복무를 무사히 마치고 전역을 했다. 전역 후 얼마 안 되어 바로 장흥군 관산읍 사무소에 복직하여 공직업무가 다시 시작되었다.

농촌행정은 봄이 되면 주로 논갈이 추심경 독려와. 보리 파종을 독려하고 여름 되면 병충해 예방, 퇴비증산과 수해 발생 시 피해 조사, 가을이 되면 추곡수매 독려 등 직원별로 마을담당을 지정하여 현장행정이 중심이 되고 자기에 주어진 고유 담당업무는 주로 야간 처리와 시간 있는 대로 현안업무들을 처리하곤 했다.

아무래도 농촌 말단 일선 행정을 하다 보면 각종 지시사항 전달 등 많은 잡무 처리가 참 많았다. 개인별 분장된 업무는 있지만 종합행정으로 나의 담당업무와 다른 팀의 업무적인 일을 병행, 협조하며 일처리 하는 게 농촌 종합행정의 전부이며 특징이라 하겠다. 이런 생활도 한 곳에서 너무 오랫동안 근무했기에 세월 흐름의 어느 시점에 뜻하지 않게 대덕읍 사무소로 발령이 났다. 대덕읍 사무소에서 맡은 일은 민방위 담당업무로서 지역민방위대와 직장민방위대 훈련을 위해 계획 수립 후 직접 훈련을 실시하게 되는데 통솔하고 인력 관리를 해야 하는 리더십이 필요한 중요한 업무라고 생각되었다.

그러나, 아직 근무경력이 많지 않아 경험은 없지만 최선을 다해 업무처리 테크닉과 통솔력 등 리더십에 대해 관심을 가지고 노력하기도 했었다. 매달 15일이면 실제 상황 같은 민방공훈련을 실시했는데 훈련통제실에서 나는 직접 마이크를 잡고 라디오 중앙통제실의 지휘 발령 상황에 따라 대처하는 훈련을 했다.

"지금은 민방위 훈련 상황입니다. 공습경보를 발령합니다. 주민 여러분께서는 가까운 곳으로 안전대피하여 적의 폭격기 공격으로부터 피하시길 바랍니다" 이렇게 실제훈련도 유도하고 때론 직장민방위대인 장흥 대덕중학교에 새벽 6시 전 직원 비상소집훈련도 실시하는 등 실감 나는 훈련과 민방위교육을 시키며 공직생활하면서 통솔력과 자신감이 배양되어 지금까지도 많은 영향력을 받고 있어, 그때 민방위 훈련 업무가 나에게 자신감을 키워주는 좋은 기회가 되었던 것 같다.

# 02 / 5년간 방송강의를 통해서 학사학위를 받다.

**# 낮에는 근무, 밤에는 공부하는 주경야독(晝耕夜讀)**

 시골 읍사무소 직장 생활 3년째 되는 즈음에 대학을 못 가고 바로 직장 생활을 하다 보니 대학 캠퍼스 생활이 그립고 새로운 학문을 배우고 싶은 생각뿐이었다. 다행히도 한국 방송통신대학 5년간 방송과 방학기간 대학에서 출석 수업을 통해 학사 학위를 취득하는 제도가 있어서 행정학과에 등록하게 되어 대학생활이 시작되었는데 낮에는 근무, 밤에는 공부하는 대학생으로 주경야독이 시작되었다.

 한국 방송통신대학 입학 이후 매일 공부하는 습관이 생겼고 그렇게 하지 않으면 학과 점수가 나오지 않기 때문에 라디오방송 프로그램 시간에 귀 기울여 방송만을 듣고 대학 공부를 하기 시작했다. 때론 대학 수업과정에서 개인 리포트를 작성하는 과제도 과목별로 주어진다. 장흥군 시골 읍지역이라 참고 자료 구입할 도서관도 없어 힘들어하고 있었는데 마치 그때 지역별 학습관이 건립되어 지역 대학생에게 도움을 주었다. 뜻이 있고 시간이 맞는 직장인 끼리 모여서 과제 연구하고 정보도 얻고 학습도 할 수 있는 공간이 되어 많은 도움이 되었고 작은 캠퍼스 대학생활처럼 느껴져서 나름대로 만족감과 행복감도 느끼면서 감사했던 시간들이었다.

가끔씩 업무처리로 출장을 가면 방송을 듣지 못할 경우 예약 녹음시켜 놓아 나중에 듣기도 하는 등 5년 세월을 보내면서 공부했다. 이런 5년 동안은 직장 여름휴가 1주일 전부를 전남대학교 출석수업에 참가 수업을 듣고 시험도 보고 해서 한 학기 학점을 받았다. 이런 생활의 5년 후 과목별 점수를 취득한 자에 졸업고사라 하는 시험을 서울지역에 가서 보게 되는데 영어와 학과별 전문과목 2과목에 대해 졸업시험이 있었다. 그래서 난 열심히 공부한 결과 정해진 학과 학점을 순조롭게 취득하고 서울대학교 캠퍼스에 가서 졸업고사를 보았다.

좋은 점수로 과정을 잘 통과하여 내 생애 처음으로 졸업식날 대한민국 문교부 장관이 주는 "행정학 학사"학위를 서울대학교 캠퍼스에 가서 받았다. 그때 사각모와 검정 가운을 입고 졸업식에 참여했는데 나의 가족, 사랑하는 아내와 가까운 친척의 축하까지 받아서 지금도 잊어지지 않은 아련한 기억들이 새롭기만 하다.

정말 감회가 깊었고 지난 5년간 휴가, 각종 모임도 자제한 체 공부에만 몰두한 결과 값진 성과의 산물로서 영광스러운 대학 학위 졸업장을 받았다는 점과 직장 생활하면서 대학을 5년 만에 졸업했다는 뿌듯함이 감사한 마음과 그동안 활동했던 상황들이 주마등(走馬燈)처럼 스쳐가면서 나 자신을 돌아보면서 " 하면 된다"라는 자신감을 주는 좋은 계기가 되었던 것 같다.

지금은 캠퍼스에서만 공부하는 시대를 지나 인터넷 강의를 주로 듣는 시대의 흐름 속에서 보면 그때 그 시절의 공부 방식이 나쁘지만은 않았던 것 같다. 오히려 장점이 많았던 것도 같았고 열악한 환경을 탓하지 않고 공부할 수 있다는 것에 감사한다.

따라서, "목표가 있어야 쉬지 않고 달리게 되고 혹 넘어져도 바로 일어선다. 그러나 목표가 없으면 달려가다 넘어지면 일어서지 못한다"라는 진리는 이미 먼저 살아본 자들의 경험적 삶에서 발견할 수 있다. 지금 인생의 초중반에서 달리기를 준비한 자들은 이를 믿고 행동을 보여 주면 좋겠다는 생각을 해본다.

# 5년 시간속에 한국방송통신대학교 졸업은 더나음을 향하게 하다.

그때만 해도 나 자신이 한국 방송통신대학을 졸업했던 것이 얼마나 자랑스러웠는지 모른다. 비록 캠퍼스 없는 대학이지만 5년간 휴가도 반납하고 5년간 공부로 학사학위를 취득하였기에 늦었지만 대학원에 입학해서 지난 2013년 8월에 전남대학교 행정대학원에서 석사학위를 받을 수 있는 터전을 마련했다고 생각한다.

얼마나 감사한 일인가. 그 시절 그 추억이 오늘의 역사를 만들었다고 본다. 한국 방송통신대학을 자랑스럽게 생각하고 모든 사람들에게 자긍심을 가지고 말할 수 있다.

# 03 / 도시행정의 꿈을 향한 도전은 시작되었다.

**# 눈물을 머금은 결단속에 행정7급에서 행정9급으로 2개급 강등하다.**

　이렇게 시골 농촌행정에 10년이라는 세월을 보내면서 도시의 생활이 그립고 장차 결혼 후 자녀교육문제, 나의 발전 문제, 너무도 시골 행정은 단순하여 세월이 지나면서 단순 반복적인 일을 처리하고 발전이 없는 듯한 생각과 무력감이 들었고 매일 논두렁 밭두렁을 다니면서 농촌행정이 힘들어서 그런지 더욱더 도시행정을 흠모하게 되었다.

　그러나, 그로부터 4년이란 세월 속에서 서로가 노력했지만 성과가 없이 시간만 흘러 안타까움을 같이 하다가 광주시 일반 시가 직할시로 승격하면서 전남에서 받을 몇 자리가 늘어나서 연결되었다. 그런데, 공교롭게도 광주시에서 전입 받을 직급은 행정서기보 9급이라는 직급이었다.

난 벌써 그동안 10년의 세월 속에 지방행정7급으로 승진하여 근무하고 있는데 광주에 가려면 2개급을 강등하여 9급으로 하향 조정해 만 갈 수 있는 어려운 귀로의 선택의 자리에 놓이게 되었다. 나는 이불 둘러쓰고 일주일내내 고민하다가 결단 끝에 얼마나 기다렸던 꿈인데 하고 강등해서 광주로 가기로 나자신과 결정하게 되었다. 그런데 나만 직급 포기하면 되는 줄 알았는데 또다른 장벽에 부딪치게 된다.

바로 그것은 아무런 잘못도 없이 전출로 인한 강등은 감사원 감사에 지적된다며 장흥군청에서 강등을 해주지 않아 지금은 작고하고 안계시지만 故 이윤화 군수님 관사를 두번이나 방문 설득하여 어렵게 7급에서 9급으로 2개급을 강등하여, 광주시로 오게 되었다.

# 세월이 흘렀어도 그때 바보같은 행동이 너무 자랑스럽다.

세월이 지난 지금 생각해 보니 참 바보스럽고 우습기만하다. 승진하거나 좋은 자리로 옮겨 달라고 군수님을 찾아 뵙는 공무원은 있을 수 있어도 이렇게 2개급을 강등해 달라고 사정하러 두 번이나 찾아간 공무원이 있었을까 ? 앞으로도 "이런 일이 있을까?" 라는 생각도 든다.

그러나 후회는 없었다. 그때 용기내어 잘 결정했고 잘 선택했다라고 생각된다. 그때 내 자신도 안타깝고 허전함도 많았지만 내가 원하는 그곳 그 길의 새로움을 찾아 내 마음속에 있는 욕심을 조금이라도 남기고 다 비우지 않았다면 난 지금의 광주광역시 공무원이 될 수 없었을 것이다.

그렇다 두마리 토끼를 동시에 잡으려다 다 놓치는 경우가 우리 주위에 많이 있지 않는가. 과감하게 공직생활 10년동안 근무하여 어렵게 얻은 2개 직급을 다 버린다는 것도 쉽지만은 않았지만 새로운 비전과 꿈을 향한 도전이 있었기에 포기가 가능 했던 것이다.

또한, 강등하려 했을 때 감정 앞세우지 말고 더 생각해 보라고 위로와 격려를 해주었던 장흥군청 간부님들이 생각난다. 지금은 이와 관계된 모든 분들께 감사를 전하고 싶다.

# 더 나음을 향해 지금 나의 모든 것을 비우다.

 새로운 환경과 나 자신이 추구하는 그 길을 향해 과감하게 내가 가지고 있는 욕심과 나의 모든 직급 다 내려놓고 도전할 수 있었던 그 용기를 지금 이 순간에도 나 자신에게 칭찬을 보낸다. 우리가 살아가면서 눈앞에 보인 그 실체만을 생각하게 되는데 장래 비전을 생각하고 결단할 수 있는 마음이 정말 대단하다고 본다.

 지금 그때 그 용기와 그 도전이 있었기에 광주광역시청에 근무했지 않은가 싶다. 2계급 강등해서 바로 시 본청도 아닌 서구청 관내 농성1동 사무소에서부터 출발한 그때를 생각하면 아득했지만 순간순간 긍정의 마인드로 나 자신을 추수리고 주어진 현 상황 속에서 불평보다는 문제점 속에서 해결 방안을 찾아보려는 노력들이 광주광역시청 아이디어맨을 만들었다고 본다.

 우리가 살아가면서 주변의 많은 어려움과 문제점 속에서 살아가고 있지만 그 자체에서 넘어지고 불평으로 끝나는 것이 아니고 폭넓게 생각해 보고 다른 대안을 강구해 보는 새로운 생각을 키워간다는 것이 얼마나 중요한지 모른다. 지난날의 아픔이 오늘 나에게는 돈 주고 살 수 없는 대단히 중요한 것이 되어 지금의 상상력과 창의력 시대에 우리가 살아가면서 나 자신이 경쟁력이 있는 사람으로 태어나고 있음을 발견할 수가 있었다.

 광주광역시청에 전입 와서 창의력 개발에 남보다 한발 앞선 나의 생각과 행동이 그동안 2개급 직급에 대해 보상받을 수 있었다고 본다.

# 04
## 농촌행정에서 도시행정의 새로운 탈바꿈이 시작되다.

나는 2개급을 강등하고도 광주시 공무원이 된다는 마음에 잠을 설치며 좋아 했었고 세상의 모든 것을 얻는 것만 같았다. 인생에 있어 이렇게 기쁘고 누군가에게 얘기하고 싶고 누군가가 없다면 큰소리로 "야 나도 이제 광주시공무원이 된다"라고 소리치고 싶었다.

왜 그렇게 기쁜마음으로 가득했고 행복한 순간이었을까? 아마도 그렇게 4년동안 꿈꾸며 바랬던 일이 현실로 이루워졌기 때문이며 쉼이 없는 노력, 그 노력의 뒷이야기는 다 얘기할 수는 없지만 그때에도 감사할 일들이 많았다.

이러한 노력의 결과 광주시 서구 농성1동사무소 직원으로 발령받아 이곳에서 주민등록 전출입신고, 인감증명 제발급 등 동사무소에서 제일 힘들고 새내기 공직자들이 주로 하는 민원처리 업무를 처음으로 시작하게 되었다.

아침시간부터 줄서기 하는 주민들의 민원은 그당시 부동산 투기열기로 전출입신고와 인감증명발급, 주민등록표 등본 발급 등이 무척 많은 시기였다.

그래서, 낮 근무시간에는 민원처리와 저녁에는 전출입신고 정리로 밤10시를 훌쩍 넘기며 퇴근한지도 2~3개월이 지났다. "아휴~, 이런 나의 생활이 힘들기도 해서 왜 내가 광주로 왔지?" 후회하며 한숨도 내 쉬기도 했다.

내가 잘못 생각하고 섣불리 속단하지는 않았는지 그렇게 힘들어 하고 있는 순간,밤이면 어김없이 아내가 어린 아들과 딸을 데리고 저녁식사를 준비해서 유모차에 싣고 동사무소를 찾아와 내 마음을 즐겁게 해 주었고 이러한 가족의 도움으로 새로운 용기를 갖게 해주었다.

이렇게 어느덧 1년의 세월을 동사무소에서 근무하다가 서구청 시민과로 발령을 받아 광주시 서구청 공무원이 되었다.

# 05

## 구청근무때 관련업무 제도개선 활동을 시작하다.

　이제, 광주시 공무원이 된지 2년차에 서구청 공무원으로 발령 받아 구청의 얼굴이라 하는 시민과 민원실 일반서무 업무를 맡게 되었고, 하루에 수많은 서무회의에 참석하여 지시받고 처리하는게 나의 하루 일과였다.
이렇게 3개월정도 시민과 근무하는데 총무과장께서 인사관련 면담요청이 왔다.

　공무원은 "총무과 행정계 근무하면서 일요일 토요일 없이 밤늦게 까지 근무하지만 이런 곳에서 근무하면서 행정경험과 많은 사람을 알 필요가 있다"고 강권한 후근무명령를 받아 행정계(동정계) 근무하게 되었다.

　행정계 3개월 근무했는데 과장님께서 인사계 인사평정업무를 맡아 근무하라고 하셔서 인사계로 옮겨 서구청 전직원 근무평정업무를 맡게 되었다.
이렇게 자주 좋은 자리로 옮기곤 하니까 주위에서 청와대 백이라도 있는 것 아니냐고 의혹을 갖기도 했다.

개인적으로도 짧은 기간에 이렇게 중요한 일들을 많이 처리하는 경험을 얻게 되어 영광스러웠다. 이렇게 근무도중 저를 유난히 챙기셨던 총무과장님께서 나에게 커다란 과제 하나를 주문하셨다.
바로 그게 광주시에서 최초로 시행하는 공무원제안제도에 응모하라고 저를 지정한 것이다. 어디로든 피해 갈 수 없는 명령에 가까웠다.

의무적으로 서구청을 대표하는 제안자로 지목하셔서서 난 서구청을 대표하는 자격이 되어 그날부터 고민하기 시작했다. 광주에서 근무기간도 짧아 광주시 행정하는 과정에서 개선사항을 발굴하여야 할텐데 고민하고 있는 중에 문득 스치는 게 있었다. 동사무소에서 1년동안 밤늦도록 업무처리를 했던 기억이 났다.

바로 그것은 주민등록 전출입시 세대별카드를 재작성하는 것이 너무 힘들었고 시간도 많이 소요되었다.

세대주가 바뀌면 세대별카드를 재작성하도록 주민등록법이 되어 있어 모두가 힘들지만 그렇게 시행하고 있었다. "이것을 쉽게 할 수 없을까" 아니면 "재작성하지 않고 하는 방법은 없을까" 고민하게 되었는데 바로 이것이다. 세대별카드 개선을 하는 것으로 제안제도 연구과제로 정하고 준비하게 되었다.

동사무소에서 1년동안 전출입하는 세대통계를 조사하고 재작성하는데 소요되는 시간을 측정하고 세대별카드 1장을 인쇄하는데 소요되는 제비용 등을 조사연구하여 이를 절감 방안으로 정하고, 세대별카드 세대주란을 1칸에서 3칸정도로 호주란처럼 확대하기로 한 것이다.

그래서 3번정도 세대주가 바뀌어도 재작성을 하지 않고 바로 바뀐 세대주를 변경하면 된다는 것이다. 이러한 좋은생각을 정리하여 광주시에 서구청 대표로 "세대별 카드 개선안"을 제안하게 되었다.

# 06 / 최초로 시 발전제안 Idea모집에서 최우수제안상 받다.

　그동안 광주시의 어려운 공직생활을 잘 이겨내고 주어진 일에 본분을 다해 열심히 일한 결과 행운의 여신은 나에게도 찾아와 광주광역시 제1회 제안제도모집에서 최우수 제안자로 선정되었다. 제안제도 인센티브는 "노력상"이지만 광주시로 보면 최초로 1위 최우수제안자가 된 것이다.

공직생활하면서 처음 상금 50만원 포상금과 1호봉 특별승급도 받았다. 이런 영광이 세상에 어디에 있겠는가. 그동안 광주시에 전입하기 위해 나의 10년 공직생활을 뒤로 하는 2개급 강등의 아픔속에서 얻어낸 1호봉 특별승급은 마치 사하라사막에서 오아시스를 만나는 것과도 같은 느낌을 받았다.

이런 제안제도 혜택은 여기에 끊이지 않고 서구청에서 시 기획관리실 기획관실 시정연구계로 발령을 받게 되어 이중의 혜택을 받은 것 같아 얼마나 기뻐했는지 모를 정도였다.

나의 공직생활 시작 경로이자 잊을 수 없는 그 추억 많은 20대 젊은시절 흔적를 보면 장흥군 관산읍사무소, 대덕읍사무소, 회진면사무소에 10년을 근무하다가 광주시 농성1동사무소, 서구청 민원과, 총무과를 거쳐 광주광역시 기획관실 근무하게 되어 희망의 날개를 이제 마음껏 펼칠 수 있는 공간을 확보하게 되었던 것 같다.

이처럼 아무리 어려운 처지와 형편일지라도 끝까지 포기와 좌절하지 않고 실현하고 자 하는 그 꿈을 향해 묵묵히 참고 갈 수 있는 용기와 결단력은 바로 이런 아름다운 요소들의 결실이라고 생각된다.

# 07 / 지속적인 창의력활동을 통해 새로운 생각을 키우다.

7급으로 승진하여 무등도서관 1년 정도 근무하고, 광주시 의회가 새롭게 구성되어 의회사무처로 옮기게 되었는데 처음 생긴 기구라서 의원은 물론 사무처 직원들도 많은 노력과 업무연찬을 게을리 하지 않았으며, 나 역시 총무담당관실 근무하면서 의회가 빨리 정착되도록 최선의 노력을 아끼지 않고 열정적으로 업무수행을 다했다.

시간흐름속에 6급승진 기회가 왔는데 나자신을 지방의회 최초 개국 공신 요원으로 내부적으로 결정하고 6급승진하는데 많은 도움을 의회차원에서 혜택을 보았으며, 승진이후 광주지방공무원교육원으로 발령되어 6급 교수요원이 되었다. 6급부터 교수요원으로 명명하고 연간 30시간 강의를 해야 하고 강의 연구하라고 교재연구수당도 받았는데 이게 나의 받은 만큼 강의를 해야 하는 부담이 되기도 했다.

통상 강의과목을 선정하고 교안작성을 제출하여야 하는데 대다수 일반적인 예산, 보안, 문서 등 그동안 실무에 접했던 과목을 주로 선정하곤 하는데, 난 너무 식상하고 그래서 좀 신선하며 새로운 과목을 선정해 보고자 고민끝에 "창의력 개발"이라는 그때 시점으로는 생뚱맞고 엉뚱한 과목이었는데 창의력개발 과목으로 결정하였다. 그런데 자료도 없고 교수기법도 부족해서 서울에 있는 기업대상 전문교육 컨설트인 "한국능률협회" 교육 등록하고. 하루 8시간 강의시간동안 강사님 숨소리까지 기울려 가며 집중해서 듣고 메모하고 노하우를 배워 교육원에서 바로 접목 강의를 실시하고자 준비를 철저히 했다.

배부된 교안을 사전에 이해하고 내용인 지식들을 나의 것으로 만들기 위해 암기하고 행동 제스처, 목소리 강약조절, 내용전달 기법 등에 실습과 혼자의 노력을 다했고, 교육원에 교육마치고 돌아와 전국 공무원교육원에서 최초로 창의력 개발과정을 신설 운영하여 좋은 반응을 받았다.

맨처음 교육생들은 아직 체감할 수 없는 분위기였지만 시간이 지날수록 관심을 갖게 되었고 매년 교육원 전문교육과정에 "창의력개발과정"이 지금까지 편성되어 운영되어 내려오고 있음에 너무 기쁘고 감회가 새롭다.

그렇다. 지금은 시대가 요구하고 있는 창의력시대이다. 새로운 지식만이 새로운 기법만이 새로운 사람들에게 호감과 만족을 줄 수 있는 변화의 시대에 이보다 더 좋은 과정이 있을까 생각도 해본다.

**칭찬합시다** | 김정대 사무관(광주광역시 기획관리실)

# 열정적인 창의력으로 지역발전에 이바지

### 100여 건의 아이디어 발굴…청와대 등 13개 상 받아
### 5년 연속 지역발전 우수 제안자 선정…40회이상 강의

▲ 김정대 사무관
광주광역시 기획관리실

"지난 1987년 광주 서구청에서 주민등록증 발급업무를 보면서 공직사회에 비효율적인 부분이 많다는 것을 깨달아 아이디어를 내게 됐으며 제 아이디어가 정책에 반영될 때 큰 보람을 느낍니다." 광주시에서 '아이디어 뱅크'로 불리는 김정대 사무관(49세, 광주광역시청 기획관리실)은 지난 2001년부터 시정발전을 위한 아이디어 100여 건을 발굴 제안하여 매년 우수 제안자로 채택되어 지난해 '광주시 발전 5년 연속 우수 제안자'로 선정되기도 했으며, 2003년과 2004년에는 청와대 우수 제안자로 2년 연속 선정되는 등 아이디어 발굴의 선도적인 활동을 해오고 있다.

■ **행자부 등 아이디어로 13개 상 받아**

김 사무관이 낸 아이디어는 '횡단보도 녹색신호가 적색신호로 바뀔 때처럼 적색신호가 녹색신호로 바뀌면서 몇 초가 남았는지를 '점멸'형태로 보행자에게 알려주면 성급한 무단횡단을 막을 수 있다', '공원부지에서 묘지 주인의 연락처를 새겨 넣으면 짧은 등 만약의 사고가 생길 때 주인에게 알려줄 수 있다', '화재가 발생할 때 소화기가 쉽게 눈에 띌 수 있도록 소화기를 야광색으로 바꾸자'는 등이다.

김 사무관이 아이디어를 제출해 받은 상만해도 2002년 행자부 우수 공무원상 등 무려 13개에 달한다. 그는 기획관리 행정관리 담당을 맡고 있으면서도 주어진 업무에 대해서 늘 창의적인 발상을 하여 업무능률 향상에도 기여하고 있다. 최근 각종 위원회의 활성화와 위원회에 시민의 참여율을 높이기 위해 시 홈페이지를 통해 '자전에크'를 전국 최초로 실시하여 행정자치부와 타 지자체에서 좋은 평가를 받는 등 업무와 생활 속에서 늘 새로운 생각을 창조해 실천에 옮기고 있다.

김 사무관은 "성공하는 사람들도 자신의 잠재능력 중 겨우 3% 정도만 사용하는데 아인슈타인도 10% 정도만 사용했다"며 "우리가 가지고 있는 무한한 잠재능력을 개발하기 위해서는 행동을 실천하는 노력이 중요하다"고 밝혔다. 김 사무관은 창의력관련 자료집(아이디어는 생각과 행동을 요구한다)를 출판하기도 했다. 여기에서 김 사무관은 "우리들의 많은 생

---

각과 잠재능력을 깨워 행동으로 옮긴다면 반드시는 아이디어와 같은 좋은 성과물이 탄생한다"고 실천을 강조하기도 했다.

지난 1988년부터 늘상 새로운 생각을 창조해서 많은 아이디어와 시책을 발굴해 온 김 사무관은 오랫동안 축적된 창의력 관련 자료와 개발 노하우 등 암묵적 지식을 많은 공직자와 공유하고 싶어 지식관리시스템을 등록활동을 활발하게 할 뿐만 아니라 틈틈이 강의를 통해 관련 지식을 전달하는 등 끊임없는 지식활동을 해오고 있다.

■ **20대 열정으로 공무원 교육에 열의**

일찍이 그는 창의력에 눈을 떠 10년 전 공무원교육원에 근무하면서 '창의력 개발반' 교육과정을 전국 최초로 신설하여 지금까지 운영하도록 하는 등 많은 실적을 남겼다. 하지만 이에 그치지 않고 이제는 아이디어 발굴이 아니라 내부 공직자들에게 창의적 지식과 아이디어 발굴기법 노하우 등을 전달하는 혁신전도사로 열정을 쏟고 있다.

강의내용과 교수기법도 새로운 블루오션 전략으로서 이론과 실기는 조화롭게, 모든 이에게 골고루 시선 집중, 졸리지 않고 웃으며 마음을 열어 듣는 Q&A 오른 강의, 자신감과 열정을 담아 감동받는

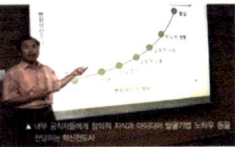
▲ 내부 공직자들에게 창의적 지식과 아이디어 발굴기법 노하우 등을 전달하는 혁신전도사

강의가 되도록 철저한 준비로 강의를 듣는 모든 이들을 매료시킨다고 한다.

지금은 세월의 연륜 속에서 '창의력 전문강사'로 자리 매김되어 광주공무원교육원, 전라남도공무원교육원, 광주소방학교 등에서 강의하고 있으며 항상 청년 같은 20대 열정으로 자신의 모든 것을 쏟아 내고 있다. 교육을 받았던 한 공직자는 "우리 공무원 사회에서 이런 전문강사가 있다는 게 놀랍다"며 "무엇보다 강의시간에는 조는 사람 하나없이 모두가 공감하는 특유의 카리스마와 눈높이 강의를 통해서 자신을 되돌아 보게 하고 다짐하게 하는 귀중한 시간으로 이끈다"고 소감을 밝히기도 했다.

■ **5년 동안 40회, 2천65명 공무원에게 강의**

이러한 테마내용을 효과적으로 전달하고자 PT자료를 직접 작성하여 지금까지 5년 동안 40회 2065명의 공무원을 대상으로 현재의 공직사회가 요구하고 있는 혁신 물결을 잘 헤쳐 나갈 수 있도록 행동의 변신과 창의적인 마인드 조성에 앞장서고 있다. 김 사무관은 "창조적 사고를 하지 못하는 사람은 수액이 없는 나무와 같다"며 "예산과 비효율을 줄이고 시민들이 편안한 삶을 누릴 수 있도록 좋은 아이디어를 내는 데 노력하겠다"고 말했다. 분명히 우리 환경은 육체적인 노동시대로 조직화된 틀속에서 생산성이 높았다면 이제는 지식 노동시대로 개인의 자발성과 창의력을 극대화해야 만이 생산성이 높아진다. 결국, 창의력이 경쟁사회의 생명력 있는 생산요소가 되고 또한 기획력의 바탕이 되는 디지털시대를 살고 있다. 이 시대 한 공직자의 이러한 행동은 더욱 귀하게 여겨지고 앞으로도 쉼없는 그의 활발한 활동을 기대해 본다.

# 08 / 쉼없는 창의적인 제안활동으로 아이디어100건 발굴하다.

---

**무등일보**  2009년 11월 24일 (화) 18면 인물

## "블루오션 행정으로 명품도시 만들어야"

### 광주시 '아이디어맨' 김정대 씨

**시정·국정발전 우수제안 2년연속 선정**

"항상 왜 그럴까?" "어떻게 하면 해결할 수 있을까?"

창조적인 마인드로 광주시정과 지역 발전에 대해 대안을 모색하고 이를 실천하는 공무원이 있어 화제다.

광주시 정책기획관실 김정대(52) 사무관이 주인공으로 청내에서 '아이디어 맨'으로 불린다.

지난 2001년부터 창의적인 오픈 마인드로 시정발전에 대해 새롭게 구상하는 제안활동과 아이디어 발상 기법 강의를 통해 시책발굴 면 토 역할을 하고 있다.

특히 김 사무관은 지금까지 광주 시에 100건의 아이디어를 제출하 고 이중 10건이 시정발전 우수제안 으로 채택돼 특별승급 등 인센티브 를 받았다.

김 사무관은 광주시 발전 방안 기획은 물론 국가 차원에서 해결해야 할 발전적인 제안들을 2003년과 2004년 청와대에 제안해 2년 동안 우수제안자로 선정돼 청와대에 초 청되기도 했다.

또 2009년에는 시정발전을 위한 아 이디어발굴 활동과 창의력 개발 분 야에 열정적인 강의 등을 인정받아 제13회 자랑스런 광주시행정혁신 상을 수상했다.

이같은 공로를 인정받아 아이디 어 발굴기법과 사례 테마로 공무원 교육원 등에 출강하는 등 '창의력 전문강사'로 활동하고 있다.

김 사무관의 강의 테 마는 '전략 적 사고와 창의행정', '창조적인 생각 키우 기' 등이다.

2001년부 터 190회에 걸쳐 1만여명의 공직자 를 대상으로 변화 마인드는 물론 아이디어 발상기법 등 시책발굴 강 의를 통해 공무원의 자질 향상 및 도시경쟁력을 높이는데 기여하고 있다.

1977년 장흥에서 공직생활을 시 작한 김 사무관은 1987년 광주시로 전입해 7급에서 9급으로 2계급 강 등돼 광주시공직생활을 시작했다.

김 사무관은 "10년 동안의 공직 생활을 인정받은 조치에 대해 많은 고민을 했으며 강등된 2계급을 보 상받기 위해서라도 시정에 대한 특

별한 관심을 가지고 시 발전 아이 디어를 내는 활동을 하게 됐다"고 말했다.

김 사무관의 머리 속에는 미래사 회의 메가 트렌드가 자리잡고 있 다. 저출산고령화, 지구촌문화 통 합, 기후변화, 여성이 주도하는 삶 등이다.

광주 발전을 위해서는 이러한 미 래의 불확실성, 불확정성 속에서 창조적 행위를 통해 새로운 변화를 이끌어내야 한다는 것이 김 사무관 의 바람이다.

김 사무관은 "지방행정도 미래를 향한 전략적 사고를 통해 새로운 가치를 창출해 내는 차별화된 블루 오션 행정을 수행해 타 도시보다 경쟁력을 높여 명품도시를 만들어 가야 한다"며 "공직사회 내부에서 쉼없이 창조적인 생각과 활발한 활 동을 통해 지역발전의 견인차 역할 에 최선을 다할 생각"이라고 말했다.

양기생기자

22.5 X 15.5 cm

정체되어 있는 나 자신의 생각과 행동을 보다 역동적으로 전환하여 새로운 생각과 발상능력을 배양하고자 수원에 있는 국가전문인력연수원에 창의력개발과정 교육을 신청하여 1주일간의 교육과정중에서 전문기관 컨설팅 회사 사장들의 전문적인 이론과 실습을 통해 그동안 1차원적인 생각들을 3차원적인 생각을 할 수 있는 기법과 능력을 기르는데 좋은 기회를 가졌던 것 같다.

분명 난 그때 수업시간에 느낀점을 메모하고 결단의 시간들을 가지고 이젠 근무지 복귀하면 문제점을 문제로 보지 않고 새로운 대안을 찾을 수 있는 긍정적인 생각과 행동을 실천해 보자라고 결단하고 매일 매일 지방신문 언론사등에서 광주시정에 대한 문제점들을 1면 Top기사로 게재하여 보도하곤 하고 이로 인해 실국장을 포함한 모든 윗분들은 그 문제에서 답을 찾기보다는 우선하여 보도된 내용에 대한 해명하기에 급급했다. 이로 인해 직원들은 해명자료작성에 한나절을 보내기 일수다.
언제까지 우리가 소극적으로 대처해야만 하고 또한 언론에 민감하게 반응해야만 하는가를 나름대로 회의감도 교육가기전에는 들기도 했다.

그러나, 난 이번 창의력개발과정 교육을 통해 해답을 찾았다 할까?
그렇다 그 문제점속에서 해결방안인 대안을 모색하는데 더 노력한다면 우리시 행정이 날로 생산적인 시정운영이 되지 않을까? 라는 생각이 더 지배적이었다. 그래서 난 나의 업무와 상관없는 일일지라도 시민의 입장에서 시장의 입장에서 바라보는 시각을 달리하게 되었다.

그래서 그 문제점속에서 하루에 1건씩 아이디어를 내어야겠다고 다짐을 하고 행동으로 실행에 옮기기 시작했다. 그러나 말처럼 쉽지만은 않았다.
이를 글로 표현하여 기승전결, 즉 현황, 문제점, 해결방안, 기대효과 순으로 모든 사항들을 전개하는 컨셉으로 정하고 하나하나 실행해 나갔다. 시간이 흐르고 하나 하나 쌓인 성과물과 노하우가 이제는 싹이 트기 시작한 것이다.

하루하루 생각해 두었던 아이디어들을 다시 가공하여 광주시 제안제도 모집 응모에 적극 참여해 지금까지 저조했던 우리시 제안제도가 나로 인해 활성화 되는 것 을 볼 수 있었다. 한공직자의 노력이지만 사소한 것이라도 쉼 없이 꾸준하게 제안활동을 하다보니 성과도 있었다. 매년 제안 제도에 많은 건수를 제출하니까 제안 심사에 있어서도 수상할 확률이 높아진 것이다.

이로 인해 매년 우수제안자로 선정되게 되어 언론사에서 많은 보도를 해서 광주시 아이디어맨이라 는 닉네임이 생겨났다. 제안된 내용들이 광주시로서 취약하고 열악한 관광자원분야와 업무처리 개선분야 중점 발전제안을 내놓았다.

100여건의 아이디어가 모아졌고 이로 인해 매년 우수 제안상을 받아 연속 5년간 우수제안자로 선정되기도 하였고 아이디어 제안관련 대통령상을 포함 광주광역시장의 수상도 무려 15개가 된다.

# 시정과 국정발전을 위한 아이디어 제안으로 얻은 성과물

 **수상한 표창장들이 그때 열정의 흔적을....**

## 쉼없는 창의적인 활동을 통해 제안한 GOOD IDEA

### 시정발전을 위해 발굴한 Good Idea 100건 흔적들

1. 고속도로 톨게이트 광주상징물 설치로 市정체성 홍보
2. 상무 신청사 실과간 칸막이설치 개선
3. 광주빛고을 야경관광도시 구역(존)설정 운영
4. 제1시립묘지 재활용으로 장묘문화개선 운동 확산
5. 광주축제·관광상품 마켓팅공간인 『Syber관광』 구축
6. 광주사랑 E-Mail 보내기 전개로 참여행정 유도
7. 상무지구 시청 신청사 18층옥상에 "시민전망타워&카페" 건립 운영
8. 생활환경폐기물 처리시범 교육장 운영
9. K-D(Kindness-Driver)택시 운행제 실시
10. 디지털시대 행사 및 회의문화 개선
11. 움직이는 시청운영 (현장 행정의날 지정 운영)
12. 도로변 변압기 박스활용 『광고홍보판』 운영
13. 광주시 5대 발전비전을 제시할 상징조각거리 조성
14. 2002월드컵경기장 "관람석1자리 기증" 붐조성
15. 교통사고 예방을 위한 『도로횡단보도』 설치물 개선
16. 『광주 김치아이스크림』 개발 판매로 광주김치 홍보
17. 자원봉사 119예약제 운영
18. 광주 야간관광코스 프로그램 개발로 관광력 확보
19. 태양에너지를 활용한 『솔라카페』 건립운영
20. 지하보도벽면 상업광고판 활용

21. 도로갈림길 안전표시물 개선
22. 생산적인 행정지시 행태개선으로 행정효율성 제고
23. 특색있는 거리광고탑 설치로 쾌적한 도시미관조성
24. 이색적이고 독특하게 디자인화된 가로등 설치
25. 광천터미널앞 벽면 비엔날레 홍보판 활용
26. 상무소각장 연통 시각디자인화로 친화적인 이미지제고
27. 5.18사건 현장을 보존한 역사관광지 개발
28. 동운동 고속도로입구 무지개다리 문화도시 이미지화
29. 광주시 청소차량 색상변경으로 안전사고 예방
30. 광주천변 무등산 형상화한 주타타워 건립
31. 공직자명함 시각디자인화로 광주시공무원 이미지 개선
32. 커피자판기 종이컵을 활용한 시정홍보 방안
33. 도로에 설치된 "차선 규제봉"설치 개선안
34. 월드컵경기장 사후관리『2002월드컵시네마관』개관 운영
35. 타국 자매결연도시간의 교류협력사업 확대방안
36. 모두가 참여하는 비엔날레행사를 위한 작품전 개최
37. 시립민속박물관『전통문화체험학습장』사회교육장 운영
38. 광주도시미관조성을 위한 동별로 선호한 색상을 건물벽과 지붕에 칠하기
39. 무등산권 관광개발과 관광객 유치를 위한 모노레일의『빛고을관광차』운행
40. 공무원교육원 창의력개발관련 교육 및 전담강사 배치
41. 도심철도폐선부지에 광주시 발전상과 흔적비엔날레에 대한 테마 푸른거리 조성
42. 공익요원을 활용한 광주시정 도우미 및 여론모니터 운영
43. 태양에너지 시범도시의 태양광 가로등 설치
44. 도시미관을 살리는 테마광고의 거리 조성
45. 상무신청사 야간에 광산업 주력도시를 상징하는 빛조명 설치

46. 공중화장실 센서전등 설치로 예산절감 및 이용자 편의 제공
47. 광주시내 도로명 및 명명유래 표시제로 편의행정 구현
48. 회전식 非대면 결재시행과 6급이하 대면결재 시행
49. 태양에너지 시범도시건설관련 "광주솔라타워" 에너지탑 건립 제안
50. 초등학교 음료대수 설치방법 개선안
51. 횡단보도 사고예방을 위한 횡단보도 신호등 개선
52. 고속버스·관광버스를 활용한 움직이는『광주시 투자환경 및 관광』홍보방안
53. 시립묘지 표지석에 유언, 연락처를 새기는 장묘시설관리 개선안
54. 상무소각장을 새로운 친환경적인 관광명소로 개발
55. 광주 제2순환도로 터널벽화 그리기로 도시정체성 확보
56. 『광주전자홍보판』제작운영으로 참여행정 실현
57. 영화촬영지 관광자원화로 국제영화제활성화와 재정력확보
58. 고질적인 체납지방세 민간위탁으로 효율성 제고
59. 관공서 건물외벽 부착용 프랑카드 대용으로『전자프랑카드』홍보판 제작시행 광고문화혁신
60. 국내외 관광객 유치를 위한 전통음식·예복·풍물체험 파크 조성
61. 광주시 첫관문에 문화수도이미지를 홍보할 경관조성
62. 광주김치산업육성을 통한 지역경제활성화 방안
63. 비사업용 자동차번호판변경 교통사고(뺑소니)예방
64. 횡단보도 사고예방을 위한 신호등 개선
65. 장애인주차장 관리개선 : 장애인 주차구역 황색으로 전면도색
66. 상무시민공원을 솔라(Solar)테마파크 조성(안)
67. 건물내 비치된 소화기제작 개선
68. 도로변 가로기(국기·시기 등)게양 및 관리방법 개선

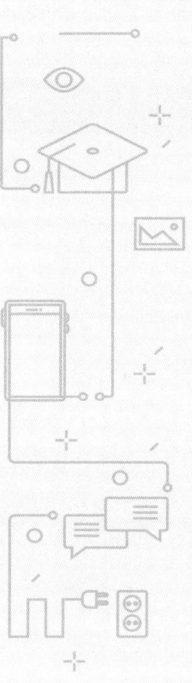

69. 2006년 보급용 새자동차번호 개선
70. 공중화장실 전등에 센서설치 에너지 절약
71. 운전면허증갱신 및 적성검사 개선
72. 건축물에 대한 광고물정비
73. 공중화장실 문화개선(음악소리 제공 등)
74. 도시를 깨끗하게 할 테마거리 조성운영
75. 건물내 화재비상구 안내 및 설명서 부착 개선
76. 자동차번호판 지방마다 특색있게 지정운영
77. 찾아가서 홍보하는 "Move Publicity Team" 운영
78. 주민등록세대별카드 세대주란 개선안
79. "자전거택시(밸로택시)도입"으로 국제행사 홍보방안
80. 상무신청사 관광상품화 방안
81. 주민등록증과 운전면허증 통합관리방안
82. 상무지구 시청로 광주 비젼테마거리 조성
83. 신청사 문화광장 활성화 방안
84. 문화수도상징 테마브리지로 형상화 방안
85. 아름다운 간판달기 추진방안
86. 신청사 지하1층 1등광주건설 계획홍보존 운영
87. 문화광장 및 미관광장 문화수도작품설치 방안
88. 장애인 주차장관리구역 개선방안
89. 광주천변 무등산형상 주차장 확보방안
90. 김대중컨벤션센터 야외공연장 활용방안
91. 광주시 도로변"신호등.가로등 점멸박스"활용방안
92. 광주비엔날레 작품전시공간 확보전시
93. 창의적인 관광코스개발로 관광객 유치 및 소득창출
94. 상무지구모텔지역 국제관광비즈니스&헬스타운 조성(안)

95. 市기관메일 수신기능 개선, 시청메일 이용율 제고방안
96. 건물옥상을 녹지휴식&공동체 만남의 공간조성 방안
97. 사거리 교통신호등 LED잔여시간 표시제 운영
98. 광주시를 상징하는"이미지도안 모형물" 제안
99. 국내외 투자유치성과 현장평가시스템 구축 운영
100. 광주시청 문화광장옆 "문화수도음악분수대" 설치

※ 아이디어란 ? :
  기존의 내용/방법을 바꾸어 문제현상을 예방/개선/해결하는 쓸모있는 생각

# 09 / 일상의 문제해결을 위한 Idea 제안으로 사무관 특별승진하다.

# 창의적인 아이디어가 청와대제안에 채택되어 사무관 발탁 승진

우리가 업무를 추진할 때나 생활할 때에도 불편하거나 업무를 개선했으면 더 좋고 더 효율적인 부문들을 늘 생각하게 된다. 나는 생각에 머물지 않고 행동으로 직접 옮기려고 노력해 왔다.

그 결과 2003년 한해만도 많은 아이디어를 발굴하여 제안하였다. 그런데 중앙부처에서 해결해야할 과제들이라고 우리시에서 제안사항들이 불채택된 경우가 많아 직접 청와대로 제안을 하게 되었다. 노무현대통령 집권시절에 청와대에서 국민들 제안들을 반영하고자 청와대에서 직접 국민의 발전적인 제안을 모집중에 있어 직접 10개 제안을 했는데 그중 1개가 우수제안으로 선정되었다.

바로 그게 "청소차량 색상을 바꾸자"는 제안이다. 너무도 간단하고 쉬운 것이었지만 누가 먼저 제안 발상하느냐 그게 중요한 것 같다. 새벽이면 쓰레기를 수거하기 위해 운행하는 청소차량이 환경과 관련된다고 하여 차량 색상이 그린green녹색이다.

그러나, 새벽에 운행하는 청소차량이 녹색으로 잘 식별되지 않음을 착안하여 새벽에도 잘보이는 황색으로 변경하자는 것이다.

그런데, 환경부에서 좋은 제안으로 평가받아 채택되어 전국 지자체 시행하라고 지시하여 일부 시도에서는 색상과 디자인을 달리하여 시행중에 있다. 전국에서 10명을 뽑는데 그중에 내가 채택되어 청와대에 방문하여 상을 받았다.

이러한 사항이 연합뉴스에 보도되어 지방신문 방송사가 일제히 보도를 했다. 이런 영향으로 그때 사무관 승진심사에서 시정과 국정발전에 기여한 아이디어 창안자를 발탁하여 승진하게 되었다.

청와대 다녀온 후 사무관 승진했다고 해서 "청와대사무관"이라고 호칭되기도 했다.

# 아이디어의 파워는 청와대까지 콜링하다.

# 10
## Good 아이디어가 공직의 삶을 확 바꾸다.

 민선5기 후반기에 시장께서 당신이 시장이라면 어떤 정책을 펴겠는가 이런 차원에서 2012년정책아이디어 컨퍼런스를 개최하여 시청, 구청, 공단 공사 직원을 대상으로 정책아이디어를 접수 받았는데 무려 831건 좋은 아이디어가 응모되었다.

 1달간의 아이디어 예비심사를 하여 최종 34건을 선정하여 시청 대회의실에 모여 PT로 제안내용을 5분간 발표토록 하였다.

 심사방식도 독특하게 전국에서 최초로 "나가수방식"으로 심사하였는데 시민100명과 공무원100명, 전문가그룹10명으로 구성하여 심사하게 되는데 5명씩발표 5명씩 즉석점수를 발표하게 된다. 난, 31번째 발표자로서 심사위원들이 지쳐있는 4시간10분정도 지날 무렵, 심사위원의 지루함을 달래고자 5분 발표시간에 제안동기를 유머스럽게 사례를 들어 1분30초 얘기 했는데 반응은 좋았던 것 같다.

그래서 점수도 높게 받아 대상 다음의 영광스런 금상을 받게 되었다. 이로 인해 서기관심사 승진시기에 도래하여 정책아이디어 우수제안수상자 인센티브를 부여하겠다고 시장님께서 선언한 부문이 있어 심사에 반영되어 서기관 승진에 무사히 통과하였다.

그때 나의 직책은 관광진흥과 관광기획담당으로서 그자리에서 승진할 수 없는 보직이었다. 그런데 지금까지 없었던 새로운 역사를 쓰게 되는 개혁이 일어난 것이다. 광주시 최초로 주무국 주무과 주무계가 아닌 곳에서 승진하는 이변을 낳게 된 것이다.

언제나 정해진 틀과 규정대로 가는 것도 있지만 그때 그때마다 새로운 생각과 행동들이 그 관성의 법칙과 틀을 깨는 변화를 이끌어 가고 있는 것 같다.

아! 정말 어렵고 귀한 서기관에 승진하게 되었다.

25년전 광주에 전입오면서 2개급 강등하고 시작한 광주의 새로운 공직의 생활이었지만 아이디어 하나로 사무관과 서기관을 승진한 전국 최초의 사례를 낳게 되어 개인적으로도 기쁘고 영광스럽다. 서기관으로 승진하게 했던 정책아이디어 소개를 하자면 광주에 오는 관광객에게 탈거리, 볼거리 제공을 위한 "밸로택시(자전거택시)도입방안"이다.

지금은 단체 관광객보다 업무와 관련하여 개별적으로 오는 FIT관광시대라 이를 대비해야 하는 시기에 광주를 알리고 보여줄 수 있는 체험거리인 밸로택시를 타고 광주를 여행하자는 것이다.

# 11
## 열정을 품은
## 혁신전도사로 활동하다.

**11-1.** 창의적 아이디어 발굴과 19년간 지식전달 활동을 이어가다.

 전략적사고와 창의적인 마인드 함양으로 창의행정을 수행할수 있도록 도움을 주는 테마별 강의내용을 "창의행정기법과사례" "전략적사고와 창의행정" "창조적인 생각키우기" "블루오션 행정기법" "미래변화 대응한 전략적사고"등 6종의 창의력 강의자료집을 직접 제작하여 2002년부터 19년간 961회 출강과 50,694명 공직자 교육을 통해 자기업무에 대해 새로운 가치창출로 도시경쟁력을 높이는데 기여하고 있다.

 2003년에는 "아이디어는 생각과 행동을 요구한다" 자료1집 발간이후 앞으로 "세상을 변화시킨 아이디어 파워"라는 창의력관련 자료2집을 발간계획도 있어 창의력 전파 전도사로서 남다른 열정을 보여주었다.

**11-2. 창의력 개발과 증진 활동에 필요한 교재 제작 활용하다.**

　전략적 사고와 창의적인 마인드 함양으로 창의행정을 수행할 수 있도록 도움을 주는 테마별 강의내용을 "창의행정 기법과 사례" "전략적사고와 창의행정" "창조적인 생각키우기" "블루오션 행정기법" "미래변화 대응한 전략적사고" 등 6종의 창의력 강의자료집을 직접 독창적 연구 제작하여 2002년부터 지금까지 19년간 961회 공직자에게 전파활동을 활발하게 전개하면서 많은 경험도 얻게 되었다.

**11-3. 창의적인 활동을 통해 공직사회 공감대를 형성하다.**

　최근 지자체 작은 도시들도 각종 국제행사를 직접 유치를 통해 국제도시로 도약을 시작하고 있을 뿐만아니라 이제는 국가간의 경쟁이 아닌 도시간의 경쟁추세에 맞추어 "창의력이 경쟁력" 이라는 시대의 트랜드처럼 차별화된 창의시정을 수행해야 한다. 또한, 지방의 경쟁력이 국가경쟁력으로 이어지도록 각 지방자치단체마다 보다 차별화된 가치있는 브랜드개발과 경쟁력확보를 위해서 지역 창의성과 다양성이 발휘될 때 가능하게 된다.

　이러한 상황속에서 공무원들의 창조적인 발상과 기획능력은 그 어느때 보다 절실이 요구되고 있는 중요한 시점에 직면에 있다. 한국능률협회 등 전문교육기관에 위탁교육을 받고 조직내 창의력개발 활동을 첫시도하여 지금까지 활발하게 활동해 지방언론사 등에서 총 48회 정도 보도 되었다.

　행정변화 추이에 걸맞게 Powerful & Creativity Mind로 열정적인 창의력 개발과 전파활동을 통해 공직내부에 신선한 변화물결을 주도하고 있다. 이러한 창의력 증진에 대해 연구하고 관련자료 수집후 자료집 발간과 쉼없는 "창조적인 생각키우기" 전파활동을 앞으로 공직내부에서 "묵묵히, 꾸준히, 열심히" 하므로서 창조도시구현에 도움이 되고자 하며 나 자신으로 인해 우리 공직사회 미래가 LED조명처럼 밝아 질 수 있기를 소망해 본다.

또한, 공직사회와 지역발전을 위해 새로운 가치를 창출해 내는 공직자들이 날로 많이 나올 수 있도록 창의력전도사로서 새로운 생각, 창조적인 생각을 생성하고 전파 활동을 통해보다 생산적이고 효율적으로 업무성과들이 나타나도록 앞으로도 지속적인 연구와 활동을 쉬지 않고 추진해 나가고자 한다.

앞으로 나의 결단은 우리 공직사회 내부에서 유일한 창의력 증진활동을 기회가 되는 대로 열정적이고 적극적인 자세로 새로운 가치를 창출하는데 도움이 되는 공직자의 역할을 다하고 퇴직이후에도 지금까지 창의력증진활동과 전파활동에 주력하는 혁신활동을 다하고 있다.

# 12 / 행복공장CEO가 되기 위해 석사학위 도전하다.

 세상은 하루가 다르게 급변하고 있다. 그러나 여기에 맞게 우리 마음들은 준비되지 못한 체 새로운 환경을 맞이하면서 우린 때론 힘들어 하며 지내고 있는 것 같다.

 우리 행정하는 행정인도 마찬가지인 것 같다. 변화에 대응한 새로운 시책들을 개발하고 운영하려면 남보다 다른 생각과 한차원 높은 이상과 행동이 요구되는 시대에 우린 함께 살아가고 있다하겠다.

 이러한 상황속에서 난 주경야독을 택하고자 전남대학교행정대학원 공공행정학 석사과정을 2011년에 입학하여 2013년 8월까지 2년6개월동안 면학끝에 영광스러운 공공행정학 석사학위를 수여받았다.

 이로 인해 같이 공부했던 새로운 사람을 만났고 새로운 교수님, 새로운 환경속에서 2년6개월은 참으로 행복하기만 했다. 배우면서 즐긴다는 것이 중요한데 난 공부하면서 많은 추억을 쌓아가며 지내왔던 것 같다.

그래서 졸업후 제32기 졸업자가운데에서 제32기 회장에 당선되어 조직을 움직여 가고 있어 앞으로 좋은 공동체 조직을 움직여 갈 것이다. 또한, 개인적으로 정년 퇴직후 멋진 계획을 세워나가고 있다.

우리주변에 행복을 찾지 못하고 힘들어 하고 있는 사람곁을 찾아가 새로운 희망과 기쁨을 제공하는 마인드 코칭에 관심을 가지고 있어 일명 " 행복공장CEO" 되고자 한다.

그리고 대학원의 석사학위를 가지고 일반대학 소양과목 객원교수로서 강좌와 타 지자체 교육기관, 기업등 에서 환경변화에 대응한 전략적사고 배양과 직무능력향상으로 조직에 성과를 거양할 수 있는 창의적인 환경조성을 위해 "창의력개발능력"에도 힘을 쏟고자 한다.

앞으로 나의 제2인생 삶가운데에 소소한 일상의 계획속에서 오늘도 조금씩 준비하면서 모든이들과 공유하면서 행복한 삶을 바라보며 흐뭇해 하는 나의 모습이 마냥 자랑스럽기도 한다.

# 13 / 공직에서 무탈하게 명예롭게 졸업하다.

　1977년 11월에 전라남도 장흥군 관산읍사무소를 시작으로 대덕읍사무소, 회진면사무소에 근무하다가 광주광역시에 대한 푸른 꿈을 안고 농성1동사무소로 발령받아 근무하다가 서구청 시민과와 총무과 근무하면서 광주시 제1회 제안제도모집에서 노력상(1등)을 수상하여 광주광역시 기획관실로 자리를 옮겨 근무했다.

　또한, 7급으로 승진하여 무등도서관, 의회사무처 근무했으며 또 6급으로 승진하여 광주시공무원교육원으로 발령받아 처음으로 공무원대상 강의를 시작하게 되었고 맡은 교육프로그램 담당으로서 전국 최초로 창의력개발과정 운영 등 혁신적인 과정운영에 정부평가에서 좋은 점수를 받아 15일간의 미주권 포상여행도 다녀왔던 흔적은 지금도 새록새록하다.

3년간의 공무원교육원 근무후에는 정책기획관실로 발령받아 조직관리업무를 보면서 김대중정부때 공직사회 처음으로 작은정부를 구현한다는 것으로 정원감축과 부서감축의 구조조정을 실시했다. 지혜를 모아 시민구조조정위원회를 구성하여 의견을 수렴하여 결정하는 단계를 걸쳐서 충돌을 피할 수가 있었다. 시간이 흘러 새로운 노무현정부때에 청와대 국정발전아이디어 제안모집에 응모하여 대통령상을 받게 되었는데 공직자들에게 울림을 주기 위해 시범적으로 나를 광주시장께서 5급사무관으로 특별승진 시켜주어 공직생활중에 가장 큰 기쁨을 안게 되었고 그 이후에도 이로인해 제안활동은 지속적으로 하게 되어 많은 발전을 하게 되었다.

　이렇게 5급사무관으로 승진해서 의회사무처 의안담당과 정책기획관실 연구발전담당, 조직관리담당, 관광기획담당을 수행하면서 또 좋은 승진의 기회를 맞게 되었다. 광주시장께서 2년임기를 앞두고 "내가 시장이라면 이런 정책을 펴겠다"라는 생각으로 "제1회 시산하 공무원아이디어컨퍼런스"를 개최하여 10건 아이디어를 채택해서 이에 대한 공직자들에게 특진을 시키겠다는 놀라운 특혜정책을 발표하여 2개월간의 시산하 공직자들은 시발전적인 생각들을 움직이게 하는 계기가 되었고 그 결과 836건 아이디어 접수되었고 나가수방식으로 120명의 심사단을 꾸려 심사하였는데 여기서 운이좋게 "금상"을 받게 되어 관광진흥과 관광기획담당이 최초로 지방서기관으로 특진하게 되었다.

　4급서기관으로 승진해서 맨처음 보직이 "광주국제행사성공시민협의회 준비단장"을 맡게 되었고 이어서 시의회 산업건설전문위원을 2년동안 수행하고 시본청 총무과장으로 보직을 옮기려고 노력도 했는데 뜻하지 않게 2015유니버시아드 숙박음료부장으로 파견명령을 받게 된다. 이때 순간 맨붕이 될 수밖에 없었다. 그러나 시의회의장께서 의회간부인사를 의회와 사전협의도 없이 집행부 일방적 인사에 대해 불만을 표시하고 행정부시장에게 항의했다. 이로인해 2주간의 나의 거취는 유대회에 출근도 못하고 집에서 대기하는 영화 한장면같은 시간들이 있었고 지금도 그때 인사관계자들을 생각하면 할 말이 많다.

이러한 어려운 과정을 겪었으나 결국 기업육성과장으로 발령을 받아 근무하면서 일신하여 퇴근후 공단의 현장을 찾아가 수시간담회 개최로 의견수렴과 반영하려는 노력속에서 기업지원정부 정책평가에 전국 1위로 대통령상을 수상하게 되었고, 또한 국비지원 받아 동명동 I-PLEX건립으로 청년창업공간 제공과 광주경제고용진흥원에 "기업원스톱지원센터"를 구축 운영하였으며, 경제과학과장때는 소상공인 전통시장활성화정책을 펼치고 광주창조경제혁신센터 설립운영과 광주이노비즈센터 건립, 1913송정역시장 리모델링 사업과 청년창업공간 제공 등은 서기관 재직 때 보람된 성과가 있는 업무로 아직도 기억되고 있다.

또한, 민생경제과장과 일자리정책과장을 수행하면서 "전국사회적경제박람회" 개최와 관련하여 MBC방송 출연을 통하여 박람회 개최 홍보와 일자리창출계획에 대해 시민에게 알리는 아침 7시 출근시간의 15분간 생방송은 지금도 잊지 못할 것 같다. 이렇게 수행하고 있는 현안과제 모든 것을 후배공직자들에 넘겨 주고, 2017년 6월 31일자로 39년 8개월을 무탈하게 공직을 졸업하게 되었다.

그동안 국가발전에 기여한 공로로 영예로운 **"녹조근정훈장"**을 받았다.

나에게 있어서 이 훈장은 그동안의 공직생활 모든 것을 대변해 주고 있는 귀한 선물이라 생각하고 소중하게 나의 서재 책장속에 보관하고 있다.
그러나 내가 받은 이 훈장에 누가 되지 않도록, 앞으로 남은 생가운데에도 주어지는 모든일에 있어 성실함과 정직함을 잃지 않고 최선을 다하고자 한다.

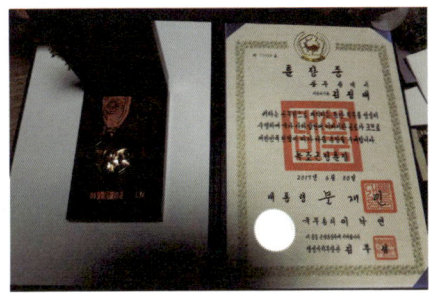

4급 서기관시절,
책상위에 놓인 직위명패들이 그때의 시간들을 말해주고 있다.

# 14 / 나에게 보낸 칭찬의 편지.

이 세상속에서 새로운 활동을 시작하면서 그동안 나에 대해 칭찬을 하고 싶다. "건강하게 그리고 참 멋지게 살아 주어서 고맙다"라고 김정대(金正大)라는 이름은 특히 公明正大하게 살아가라는 멋진 의미를 가지고 있었기에 공무원이 되었고, 그래서 40년 직장생활을 대과(大過)없이 잘 마무리한 것 같다.

멈추지 않고 흐르는 시간은 참 빠른 것 같다. 이런 시간 흐름속에, 이제 나는 자연인으로, 한 시민으로 돌아가야 만 한다. 그동안 광주시청에 공무를 수행하면서 많은 생각들속에서 일했고 때론 번뜩이는 기발한 아이디어 발굴에도 소홀하지 않았다.

이런 활동결과로 광주광역시 개청이래 처음있는 일이 되었는데 시정기여한 공로로 5급사무관과 4급서기관까지 특진하는 두번의 영광도 누려 보았다.

그때 그때마다 떠오르는 나만의 생각이 얼마나 값지고 중요한지를 새삼 느낀곤 했다. 그리고 공직자대상으로 19년동안 961회 2,679시간 강의 활동을 통해 50,694명을 만났고 "새로운 생각키우기" 활동을 열정적으로 다해 왔다.

이제 변화가 심한 세상 파고속에서 또 다른 멋진생각을 가지고 새로운 사람들 만나면서 새로운 영역의 세상을 만들어 가려한다.
우리 인생은 관계성 속에서 살아가듯이 이제, 내가 그 동안 꿈꾸어 왔던 지금까지 나의 생각들을 멋지게 디자인해서 세상 속에서

"행복공장CEO"

"생각디자이너"(Thinking Designer),

"퍼실리테이터"(Facilitator),

"대학교수"(College Professor)

"청년창업 전담멘토" 라는 이름으로

다양한 사람들과 만나, 나만이 가지고 있는 경험과 잠재적인 역량과 끼를 잘 활용하여 유감없이 공유하여 서로에게 도움주는 더불어가는 멋진 사회를 만드는데 기여하고자 한다.

앞으로 내가 가는 새로운 땅 새로운 곳에서, 다양하고 개성있고 멋진 사람들을 만나고, 함께 할 시간들을 생각하니 마냥 설레이기만 하다.

# 15 / 공직 졸업여행을 두바이.스페인.포르투칼로 떠나다.

 그동안 인생1막과 공직의 40여년의 삶을 잘 마무리하고 인생 제2막을 시작하는 첫날부터 아부다비, 두바이 아랍에리메이트와 스페인, 포르투칼, 남프랑스, 밀라노 등 유럽지역 5개국 12일간 여행을 사랑하는 아내와 함께 서기관퇴직 동기들과 동행한 19명여행이 시작되었다.

 이번 여행은 내가 그동안 꼬옥 가보고 싶었던 두바이를 갈수가 있어서 정말 좋았다. 인천공항에서 00시 50분 출발하여 10시간동안 비행한 후에 아부다비공항에 도착해서 두바이로 이동했는데 물이 없는 모래사막 지역에 (주)삼성물산이 건설한 828미터 높은 부르즈칼리파 125층 전망대에 올라가서 인근 대형 쇼핑몰 건물들이 자리잡고 있는 발전상을 한 눈에 볼 수가 있었다. 그리고 바다위에 떠있는 듯한 7성급 호텔 에레에미트 팰리스를 지나면서 볼 수 있었다.

다시, 아부다비 거대한 랜드마크인 그랜드모스크 이슬람사원으로 82개 돔과 천개기둥이 이탈리아 직수입된 대리석으로 건축되어 동시 4만명 수용이 가능하고 화려한 상들이가 빛나고 있었다.

크리스탈호텔로 이동한 후 3시간 머물다가 밤11시 25분에 마드리드를 향해 아부다비 공항으로 이동하는 특별한 여행은 잊을수가 없을 것 같다. 마드리드에 도착 3일차 여행을 스페인을 대표하는 화가가 고야작품으로 가득한 프라도미술관과 시민휴식처 마요르광장, 세르반테스 동상이 있는 스페인 광장을 관람하면서 휴식을 취했다.

다음은 마드리드에서 70키로 떨어진 똘레도로 이동 266년만에 완성된 똘레도 대성당 보고 호텔에 투숙했다.

다음날은 작은 로마라고 불리우는 스페인 최대유적지 메리다 방문 장대한 원형극장과 로마다리 등 로마흔적들을 볼 수가 있었다. 다음의 일정으로 유럽대륙 서쪽 땅끝 포르투칼 까보다로까로 이동후 땅이 끝나고 바다가 시작되는 곳 "camoes" 넓은 수평선과 아름다운 꽃밭에서 낭만적인 추억을 남겼다.

다음일정은 리스본으로 가는 도중 태조강의 귀부인이라 칭하는 벨렘탑과 동페드로 광장이라 고하는 "로시우광장"을 관광하고 주변에는 카페 레스토랑이 많았다. 투숙은 리스본 해안가 작은호텔에 투숙하여 일몰과 일출의 멋진 광경을 카메라에 담았다.

다음여행지는 여행6일차로 리스봉 이동 세비아 상징 히랄다탑과 유럽에서 3번째 큰 세비아 대성당으로 1위는 바티칸대성당, 2위는 런던 세인토폴 대성당 이다. 이 성당은 125년만에 완공했다고 한다. 콜롬버스묘를 스페인을 다스렸던 4명왕(레온, 키스티아, 나바라,아라곤)이 관을 메고 있는 모습이 참 인상적이었다. 다음으로 찾은 곳은 투우발상지 " 론다" 로 이동 가파른 협곡과 누에보다리, 언덕위 하얀집과 누구를 위하여 종을 울리나 영화의 배경지였다고 한다.

오는 도중 지중해가 내려다 보이는 산밑에 그림같은 하얀집들이 아기자기한 기념품을 판매하고 테니스경기도 개최하고 있었다. 거기서 망고 아이스크림도 맛있었다. 그라나다로 이동 호텔에 도착 식사후 야경투어가 있어 20분 이동 시내야간관광으로 한눈에 옛 궁전과 시내를 조만하고 마을 골목길따라 구경 후 일행과 함께 가볍게 비어 한잔하면서 오늘 일정의 있었던 얘기들을 나누고 11시30 분 호텔로 이동했다.

여행7일째 그라나다 이슬람문화 향기가 그대로 남아있는 "알함브라궁전" (까를로스5세 궁전, 산니콜라스전망대, 그라나다대성당)과 아랍인들 마을 알바이산 지구조망과 "헤네랄리페정원"을 보고 5시간 장거리 버스를 타고 발렌시아로 이동했다.

호텔에 도착후 주변에 현지식 저녁식사를하고 부근마트에서 과일사서 먹고 하루밤을 편히 보내고 일어나 7시에 발렌시아를 향해 출발했다.

오는 도중 시체스 스페인 카탈루냐 지방 바로셀로나 주의 도시인데 매년 10월 영화제가 개최된다고 한다.

예쁜 성당과 시체스 여름해변의 이국적인 풍광을 맛볼 수 있었다. 시체스에서 현지식 와인 셀러드 빵 오찬하고 나뉘어진 산톱니 모양이라는 몬세라트에 도착했다. 산악 열차이용 정상에 올라 몬세트라 대성당을 들러보고 노란 케이블타고 내려왔다.

깍아지르는 듯한 기암절벽의 절경과 여기에 수도원을 건설한 까딸루냐 인들의 노력에 놀랍다.

다음은 올림픽이 개최된도시 바르셀로나 스페인의 최대 관광도시에 도착해서 스페인의 건축가 가우디 흔적을 도심곳곳에서 볼수가 있었다. 특히, 성가족 성당은 세계적인 건축가 "가우디"가 설계하고 직접 감독까지 맡은 최대 프로젝트 작품이었다. 가우디 나이 30세(1882년 3월) 공사를 시작하여 1926년 6월 그가 죽을때 까지 교회일부만 완성하고 지금도 건축중에 있다. 건물외벽 디자인과 조각상과 내부 자연 채광과 야자수 형상화한 기둥과 천정이 정말 아름다웠다.

다음코스는 가우디가 건축한 흔적들이 드러나는 독특한 디자인 공원 "구엘공원"을 찾았다. 이곳에서 구엘공원내 가우디 작품을 구경한 다음 2시간 달려 숙소에 도착했는데 호텔은 해안가에 위치한 산타클라라 호텔에 도착하고 야간에는 호텔부근 지역관광객들과 어울려서 춤도 추면서 즐거운 시간을 보냈다.

아침에 8시15분 호텔 출발해서 1시간 달리다 지중해 숨은 보석 해안가 "토사데마르" 들러 해변 백사장에서 일광욕 즐기는 사람도 많았고 멀리 섬도 보였다. 계속해서 버스로 1시간 달려가니 "지로나" 하는 바로셀로나와 피게레스 사이에 있는 중세도시 모습을 간직하고 있었고 마을전체가 성벽으로 둘러 쌓여 고풍스러움과 선물가게, 카페들이 있어 쇼핑하고 중국식당에서 중화요리로 맛있게 오찬을 진행하고 남프랑스를 향해 4시간 장거리 버스여행이 되었다.

프랑스 아를에 도착해서 별이 빛나는 밤, 밤의 카페, 반고흐의 방 등 고흐의 대표작 배경인 라마르트 광장, 투우 원형극장 론강변과 조그마한 선물가게, 카페를 들러보고 저녁에는 스테이크 현지식으로 하고 IBIS ARLES호텔에 도착했다.

특히 이번여행의 의미를 담아 태어난 60년 회갑을 맞이하는 우리들로서 서로를 축하하기 위해 현지에서 급하게 케익과 한국에서 준비한 초에 촛불을 켜고 축하의 시간을 갖았다. 여행중에 잊지 못할 추억을 만들고 각자의 룸에 들어가 편안한 밤을 보냈다.

여행 10일째 2017년 7월10일 빵과 과일 커피로 아침 블랙퍼스트를 마치고 오전7시30분에 2시간 버스를 타고 이동해 도착한 곳은 깐느인데 이곳은 영화제가 열린 장소로 풍광이 좋아서 바닷가 해변가를 구경하고 니스를 향해 우리는 버스는 달린다. 니스(Nice)는 프랑스 남동부에 위치한 지중해 항만도시로 리비에라 라고 불리는 지중해면 안에 있으며 인구는 34만 정도의 세계적인 관광 휴양 도시인데 드디어 "니스"에 도착하여서 해변가 레스토랑에서 포테이토와 스테이크로 맛있게 식사하고 에즈로 향했다.

"니스와 모나코" 사이에 있는 에즈(EZE)에 도착하여 "니스와 모나코"에르 사이 니체마을을 관광했다. 이 마을은 13세기초 로마군 피하여 해발 427미터 암반위 건설한 중세마을로 아담한 갤러리공방 기념품점들이 줄지어 있었고 마을 정상에는 독특한 풍경의 열대정원이 있어 멋스러움을 더했다.
이곳에서 향수제조 공장을 견학하고 언덕의 멋진 풍광이 있는 에즈빌리지와 악마다리를 건너서 모나코를 향했다.

모나코(Monaco)는 프랑스 남동부 지중해에 면한 입헌군주제 국가인데 BC 10세기경 테니키아인이 최초로 거주하다가 나폴레옹3세 때 로마에 정복되었고, 1297년부터 이탈리아 그리말디의 영지가 되었다가 1861년 1월 1일 프랑스보호하에 주권을 인정받았고 1919년 베르사유 조약에서 독립과 주권을 보장받았다고 한다.
세계에서 바티칸 다음 작은 나라로 인구는 3만명 중 32%인 8천명이 모나코인 이라고 한다. 모나코 3대가 거주하면서 국적을 인정해 주며 주로 거주민은 프랑스, 미국, 이탈리아사람들이며 이곳은 세금이 없고 세계에서 땅값이 가장 비싸며 관광, 무역업이 주업이다고 한다.

이곳은 5월이 되면 그랑프리가 열리고 자동차 경주대회도 있다고 한다. 그레이스케리(레인의 3세) 카지노로 유명하기도 하며 그 카지노 수입으로 국가를 운영한다고 한다.

　이곳에서 5시간 버스로 다음지역을 향해 달리다가 휴게소에서 가볍게 샌드위치로 해결하고 11시30분경 밀라노 호텔에 투숙하고, 아침에 호텔조식 후 우린 밀라노 공항으로 이동후 수속을 밟고 10시40분 아비다비를 향해 비행이 시작되었다.
10시간 동안을 비행후 아비다비공항에서 우린 다시 인천공항을 향해 환승하게 된다. 이렇게 12일간의 유럽 졸업 여행은 나의 인생60년의 건강한 삶과 공직생활 40년의 모든것을 정리하고 편안한 마음으로 즐겁게 구경하고 마무리 할 수 있어서 의미 있었고 앞으로도 기억될 것 같다.

　이번에 여행에 동행한 서기관 퇴직동기 부부 등 19명 모두가 건강한 모습으로 잘 마무리 할 수 있어서 더욱 좋았다. 인천공항에 11시55분에 도착해서 광주를 리무진 버스로 달려가다. 광주가는 길목에 있는 대천해수욕장 부근에 들러서 생선회와 매운탕으로 오랫만에 한국음식으로 점심을 해결하니 그동안 쌓인 여행의 피로가 해소 된 것만 같았다. 이제 나는 새로운 설계속에서 인생2막을 자연민간인, 행복공장CEO, 생각디자이너, 대학교수, 퍼실리테이터, 창의력 강사로서 여유로움속에 사랑하는 아내와 아들 딸 손녀 손자등 가족들과 함께 더 많은 시간속에서 함께하며 즐거움과 행복만을 만들어 가고자 한다.

　앞으로 남은 인생 여정속에서 부질없는 욕심도, 괜한 자만심도, 어설픈 자랑도, 부질없는 명예도, 전부가 아닌 돈도, 남의 인생과 비교함도, 모두 내려 놓은 채 주어진 나의 소소한 일상의 삶속에서 매사에 감사함으로, 하는 일에 최고의 모습과 태도로, 후회하지 않을 멋진 모습으로 살아가기로, 이번 공직생활 졸업 여행을 마무리하면서 다시 한번 내 자신과 약속한 것들을 반드시 행동으로 실천하는 삶을 다짐해 본다.

# PART 02

Time전반부

지난세월
아름다운 추억을 그리다.

# 공직생활 중에
멋진 생각들을 담다.

## Part 2. Time 전반부

4급서기관 시절, 신문사에 남긴 좋은 생각들을 다시 펼쳐본다.

# 01

## 국제행사성공으로 글로벌 광주 도시브랜드를 높이자.

세계는 지금 국가간의 경쟁이 아닌 도시간의 경쟁시대를 맞이하고 있다. 이러한 시대변화 흐름속에 광주는 세계적인 민주.인권.평화도시로서 문화로 돈을 버는 문화콘텐츠 허브도시로서 사람중심의 세계UEA환경도시로서 미래 신성장산업중심의 첨단과학산업도시로서 풍요롭고 살기좋은 건강도시로 변신을 거듭하면서 글로벌광주 브랜드를 만들어 가고 있다.

또 광주시는 국제행사나 국제회의를 통해 광주라는 도시브랜드 가치를 상승시킬 수 있는 최적의 기회로 여기고 2015년 하계U대회를 유치했다. 이어 올해 2012국제천문올림피아드, 세계대학배드민턴선수권대회, 국제로봇올림피아드, 2013세계한상대회와 2013세계기록유산국제자문위원회, JCI아시아태평양회의, 2014국제관 개배수위원회총회, 세계수소에너지대회 등 대규모 국제행사를 차례로 9개를 유치하는데 성공했다.

여기에 2015국제디자인연맹총회와 2019세계수영선수권대회 유치에도 심혈을 기울이고 있다. 국제행사를 통해 얻어지는 광주도시브랜드는 광주라는 특정도시에 대한 인지도. 호감도. 신뢰도 등 유형.무형의 가치들을 통합하여 지수화한 것이 도시브랜드지수라 한다.

오늘날 도시브랜드지수는 일종의 도시경쟁력을 나타내는 중요한 요소로 인식되고 있다. 세계속에 광주라는 한 도시의 이름을 해외에 알려져서 경제효과는 물론 다양한 부가효과까지도 유발되기에 우리는 도시브랜드를 높여 가고자 부단한 노력을 다하고 있는 것이다.

이러한 맥락에서 어렵게 유치된 2013세계한상대회, 2015하계U대회 등 대규모국제행사를 어떻게 성공적으로 개최할 것인가 바로 이것이 우리 모두에게 놓여진 과제이며 최대의 관건이라 하겠다. 그래서 광주시에서는 국제행사와 관련하여 관(관) 주도가 아닌 시민과함께하는 자치공동체의식속에서 시민의 역량을 결집하는 구심체역할을 할수 있는 광주국제행사성공시민협의회를 구성하게 되었다.

지난 7월 제정.공포된 광주국제행사성공지원조례에 근거로 언론. 문화. 경제계 인사를 비롯하여 분야별 직능단체 시민사회단체 등 다양한 분야에서 함께 참여하는 민관협의체로 구성하여 홀리데이광주호텔에서 발기인대회 및 창립총회를 개최하였다.

앞으로 이달말까지 법인 설립허가와 지방법원의 등기절차를 완료하고 10월중에는 시민협의회사무처를 발족해서 각종사업들을 본격적으로 추진해 나가고자 한다. 광주시가 유치한 각종 국제행사의 성공개최를 위해 한 단계 성숙된 친절. 질서. 청결. 봉사 등 4대 선진문화 시민운동을 적극 펼쳐 나가기 위해 주요 분야별로 과제발굴과 시민참여를 통한 지역역량결집에 최선을 다해 나가고자 분과 위원회 활동도 계획하고 있다.

특히, 대규모 국제행사로 얻어지는 경제적 파급효과를 극대화하는 전략과 함께 광주도시브랜드 가치를 높이고 국제도시로 뻗어 나가기 위해 시민참여를 통한 4대 선진문화의식 확산운동을 주도적으로 펼쳐가면서 2015년까지 잇따라 개최되는 각종 국제행사를 뒷받침하는 실천적 조직으로 본 시민협의회를 활용하고자 한다.

이같은 활동을 통해 광주시 대규모 국제행사들이 성공적으로 개최됨으로서 광주라는 도시브랜드가치를 한 차원 높이는 좋은 기회이자 세계인들에게 광주의 멋과 맛, 성숙한 시민의식을 보여 줄 시험의 장이 될 것이다.

앞으로 민.관 합동 거버넌스 기구라 할 수 있는 광주국제행사성공시민협의회를 중심으로 대규모 국제행사들을 최고의 명품대회로 성공적인 개최와 지역경제에도 실질적 도움이 되는 방안도 마련하는데 전력을 쏟아 낼 것이다. "We can do it" 우리 시민들의 열정과 하나로 뭉치는 힘만 있다면 그 어느 도시에도 시도해 보지 못한 블루오션(Blue Ocean) 창조행복도시를 만들어 갈 수 있음을 확인해 보는 좋은 기회가 될 것이다.

(20120917, 광주국제행사성공시민협의회 설립준비단장. 무등일보 기고)

# 02 / 풍부한 상상력이 발전을 견인하는 창조경제시대

　세상은 너무나 빨리 급하게 변하고 있다. 그래서 우리는 미래를 준비하고 대응할 때라고 본다. 다가오는 미래는 무한한 가능성과 무한한 인간의 창조행위가 열려있는 세계이기에 우리는 창조적인 생각을 통해 새로운 가치를 창출하고 나만의 경쟁력을 높여가는 블루오션시대라고 미래학자들은 주장하고 있다.

　그동안 우리들이 잠 잘때 꿈속에서나 상상할 수 있는 꿈같은 얘기들이 이제는 다른 기술과 융합하면서 경제적인 가치로 창출되고 있다는 사실에 우리는 놀랄 수 밖에 없다. 상상력과 창의력이 대기업이나 특수 전문연구기관에서만 필요한 가치인 줄 알았는데 이제는 국가, 우리 공직사회 내부에도 새로운 가치로 인식되어 이를 활용한 세부적인 정책플렌과 세부 행동계획이 필요해졌다.

2개월전에 출범한 박근혜정부의 핵심키워드는 창조와 행복의 두 개 단어이다. 창조경제를 통해서 국민을 행복하게 잘 살도록 한다는 것이다. 지금까지 산업경제시대에서는 노동과 자연자원이, 지식경제시대에서는 지식과 정보가, 지금의 창조경제시대에서는 상상력과 창의력만이 새롭게 발전시키는 주요 경제동력으로 작용해 가고 있다.

미래학자 짐데이토(Jim Dator)는 "지금은 정보화시대를 거쳐 꿈의 사회(Dream Society)로 경제주력 엔진이 정보에서 이미지로 상상력과 창조성이 핵심 경쟁력이다" 라고 했듯이 분명 우리 모두는 광주만의 창조도시 실현을 위해 마음속에만 담아 두었던 자유로운 생각들을 여과없이 쏟아 내어 상상뱅크에 축적되도록 하고 이를 시기적절하게 꺼내어 다른 것들과 융합해서 새로운 가치를 창출한 결과물이 지역경제로 흘러가도록 하는 것이 매우 중요하다고 생각된다.

우리가 추구하는 창조경제가 본 궤도에 도달하기 위해서는 이제는 대기업은 솔로가 아닌 지역의 벤처기업, 중소기업과 파트너쉽을 형성 창의적으로 일할 수 있는 지원책을 강구함으로서 결국, 이들의 창조성이 대기업의 경쟁력으로 녹아 들어 갈 수 있도록 해야 한다. 또한, 우리가 기대하고 있는 진정한 창조력은 지금 함께하는 사람들과 공유 공감할 수 있어야 하므로 우리는 항상 상호토론과 소통을 할 수 있는 열린 문화형성도 매우 중요하다고 본다.

최근 산업통상자원부는 국민행복형 안전, 건강, 편리, 문화 등 4대 융합신산업 발굴육성으로 국민의 삶 제고와 양질의 일자리를 창출하겠다고 선언했다. 이에 광주시는 자동차 100만대 생산기지 조성사업, 탄소중립 친환경도시 조성, 상품거래소 광주건립, 행복한 창조마을만들기 사업을 추진하고 있으며 문화체육관광부에서도 개개인 상상콘텐츠기금 조성과 창의적인 스토리개발 등 상상력기반 콘텐츠 산업육성을 통해 창조경제의 핵심 동력으로 삼고자 한다.

이에 광주시에서는 아시아문화수도육성을 위한 아시아문화콘텐츠 개발에도 중앙부처와 관심과 지원이 활발하게 이루어져 2015년에는 아시아문화전당이 다양한 콘텐츠로 가득 채워진 상태에서 개관되기를 기대해 본다.

결국, 박근혜정부의 창조경제 정책이 광주시까지 제대로 연결되도록 모든 시민과 공직자들은 어느 도시에도 없는 독특한 역사적인 정체성, 그리고 문화예술의 끼와 잠재력을 동원한 상상력과 창의력을 발휘하여 창조적인 경제도시와 문화도시를 만들어 가는 것이 현안과제가 되어 가고 있다.

(20130425, 광주광역시의회산업건설전문위원, 광주매일신문 기고)

# 03
## 미소는 최고의 전략이다.

　우리가 생활하면서 많은 사람을 만나게 되는 데 사람을 처음으로 대면할 때 첫인상(First Impression)이 아주 중요하다. 지금은 이미지 메이킹시대로 얼굴 표정과 환한 미소가 첫인상의 중요요인으로 작용하고 있다. 미국의 캘리포니아대학 심리학과 알버트메리비안교수는 첫인상은 만나는 3초안에 관계형성이 결정되어 이후에도 계속해서 강력한 영향력을 행사하게 된다고 했다. 미국의 가수 배우였던 Judy Garland는 "다른 사람의 두번째 모방이 되지 말고 자신의 첫번째 모습이 되라" 는 말은 많은 의미가 담겨져 있는 것 같다.

　첫인상에서 좋은 이미지를 받았다면 설령 그르친 행동이나 말투에도 이해되고 공감하려는 경향이 높은데 반해 첫인상이 좋지 않은 이미지로 각인되었다면 좋은 일을 한다해도 공감하려 하지 않는다고 한다. 이런 현상을 심리학적으로 "일관성오류"라고 하는데 사람들은 한번 판단내리면 상황이 달라져도 그판단을 지속하려는 욕구를 가지고 있다는 것이다. 미소는 강력한 긍정의 에너지를 상대에게 전하게 되며 그래서 내가 원하는 대로 상대방의 도움을 끌어 내는 것을 한결 쉽게 만든다.

우리는 사람과의 관계 업무적인 비즈니스 관계속에서도 차별화전략으로 성공을 이끌어 내는 경쟁시대에 살아가고 있다. 이러한 시점에서 볼 때 환한 미소만큼 최고의 전략은 없다라고 본다. 내가 미소 지을때 상대방도 미소를 함께 지으며 공감하게 되면서 한마음이 되어 뜻이 통하게 된다는 것이다.

그래서 "미소는 최고의 전략이다" 라고 말 할수 있다. 우리가 사람을 만났을 때 진정한 대화를 나눈다는 것이 매우 중요하나 그러하지 못할 경우가 많이 있는데 마음이 열리지 않는 상태에서 대화를 한 결과라고 본다. 먼저 마음을 열게하는 것이 중요하다. 그마음을 열게하는 open key가 바로 미소인 것이다. 자동차에 키를 꽂아야 시동이 걸리듯이 사람도 미소가 마음을 열어 소통케하는 파워에너지로서의 역할도 한다는 것이다.

요즈음 세상의 변화 흐름속에서 상황에 즉각 대처할 수 있는 능력이라고 하는 미소의 가치가 옛날보다 수십수천배 높아지고 있으며 어떤 학자들은 미소를 행복과 성공의 네온사인이라고 할 정도로 삶의 변화를 주도하고 있다는 것이다. 왜 우리는 웃어야 하고 환한 미소를 지어야 할까? 먼저 건강에 아주 좋다는 것이고 사람과 관계속에서 호감을 갖게하고 서로 소통하게 하고 자신감을 주고 마음도 열리게 하여 멋진생각과 번득이는 아이디어착상 능력도 높여준다는 것이다.

또한, 하루를 시작하면서 거울앞에서 미소짓는 연습을 해보자 " 난 멋진 사람이야. 난 모든 걸 잘할 수 있어. 난 최고야. 난 행복한 사람이야" 이렇게 이미지메이킹의 행동을 습관화 한다면 분명 하루의 삶은 활기차고 멋진 생각들로 가득할 것이며, 매사가 적극적이고 열정적인 모습으로 새롭게 변신해 가리라 본다.   행복은 우연히 찾아 오지 않듯이 우리 모두가 환한 미소로 생성된 행복의 바이러스를 날려 보내자.  미국의 스탠포드대학 윌리엄프라이 박사는 한번 크게 웃으면 우리 신체 650개근육중 231개 근육이 움직이고 얼굴은 80개 근육중에 15개가 움직여져서 에어로빅 5분 효과가 있다고 했다.

또한, 환한 미소와 웃음은 스트레스를 진정시키고 혈압을 떨어 뜨리고 병균을 막는 "인터페론 감마"(interferon gamma)의 항체분비를 증가시켜 바이러스에 대한 저항력을 키워 주기까지 하기에 건강을 책임지는 만병통치약이라 명명하고 싶다.

우리 광주시는 금년에 세계한상대회, 2014년 하수관계배수위원회 총회, 2015년 광주하계유니버시아드대회, 2019년 세계수영선수권대회 등 대규모 국제행사를 준비하고 관광객을 맞이할 여건을 만들어 가고 있으며 최근 광주국제행사성공시민협의회를 발족하여 친절 질서청결 봉사 4대 선진문화 시민운동을 전개해 나가고 있어 다행스럽게 생각한다.

이제 우리 광주가 또 오고 싶은 도시, 믿음으로 마케팅하고 싶은 도시, 웃어서 건강한 도시, 문화와 경제가 융합된 창조도시로서 거듭나고 도시브랜드 가치도 높아 질수 있도록 광주시민들과 우리 공직자들의 환한 미소속에서 최고의 전략을 찾아 보는 것이 지금 우리들의 현안 과제가 아닐까요.

(20130515, 광주광역시의회 산업건설전문위원, 전남일보 기고)

# 04
## 창의적인 멋진 생각으로 하루를 시작한다면

  항상 우리는 아름다운 희망을 꿈꾸며 세상을 살아가고 있다. 그 꿈을 향하여 우리가 어떻게 목표를 세워 혼을 담아 정성스레 가꾸며 나아가느냐에 따라 이루어지기도 하고 내 의지와 상관없이 물거품처럼 사라지기도 한다. 우리는 그 꿈속에서 꾸었던 상상들을 그저 흘러버리는 시대가 아닌 이제는 나만이 꾸었던 상상을 현실로 이끌어 내야 하는 창조경제시대에 살아가고 있다.

  나만이 가지고 있는 생뚱맞은 생각들을 주변세상의 변화가치와 융.복합시키는 조화능력을 통해서 생산적인 새로운 가치를 창출하고 있다. 또한 모든 사람들은 삶에 있어 진정한 행복을 추구하고 있다. "마르쿠스 아우렐리우스"는 "행복한 사람은 스스로 행복을 창조하고 느끼는 사람"이라고 했듯이 우리도 언제나 변함없이 매일 다가오는 하루를 시작하면서 창의적인 멋진 생각으로 여유롭게 시작한다면 얼마나 많은 변화가 일어나고 얼마나 많은 사람들이 행복감을 느끼며 아름다운 세상을 창조해 나갈까 꿈꾸어 본다.

지금은 상상력과 창의력이 경제 성장동력으로서 작용하고 있는 새로운 경제 패러다임시대에 살아가고 있다. 우리는 각자에게 주어진 비젼과 목표를 향해 이러한 새로운 환경에 적응하고 경쟁력 있는 자로 거듭나기 위해서는 먼저 자신의 존재가치를 인정하는 자존감에서 출발하여 살아가는 삶이 매우 중요하다고 본다.

그러나 우리는 어떤 일을 성취할 수 있는 자신의 능력에 대한 강하게 믿는 자신감(self-confidence)과 자신만이 가진 특별한 가치에 대해 깨닫고 자신답게 느끼는 자존감(self-esteem)에 대해 구분하지 못할 때가 많다. 우리는 자신감보다 자존감으로 충만되어 있을 때 업무적인 성과는 물론이고 가치에 있어 더 행복해 질 수가 있다고 본다.

여기서 중요한 것은 우리는 때론 다른 사람으로 부터 사랑과 존경을 받고 싶을 때가 있다. 이럴 때 일수록 자기자신 가치의 중요성을 깊이 인식해야 할 것이다. 우리는 살아가면서 자신의 가치와 존재에 대해 잃어버리고 주변과 타인에 대해 생각하고 걱정하기고 한다.

먼저 나 자신은 어느 누구와도 비교할 수 없는 존재가치라는 포맷이 중요하다. 왜 우리가 살아가는지 무엇을 향하여 또한 어떤 사람이 되고자 하는 지 의문속에서도 어찌하든 흔들리지 않는 나만의 정체성을 붙들어야 만 한다고 본다.

무엇보다 우리는 자신을 인정하고 칭찬하는 긍정마인드가 가장 중요하다. 그래서 늘 아침에 거울앞에서 서서 "나는 가장 멋지다. 난 좋은 사람이다. 난 소중해." 분명하게 이렇게 반복해서 외쳐라. 그러면 놀라운 변화가 일어날 것이다. 이렇게 긍정적인 말을 계속하다 보면 자신에 대한 믿음을 확고하게 해줄 뿐 만 아니라 내가 지금 하고자 하는 계획속에서 번득이는 새로운 생각들이 펑펑 쏟아질 것이다. 우리 한번 믿어 보고 "나는 무엇이든 할 수 있다"라는 자신 긍정운동에 동참하는 지혜가 필요할 때이다.

10년 전에 필자인 나는 우연히 "사무엘 울만"의 "청년"이라는 시속에서 언제나 나이 상관없는 청년으로 살아가기 위한 조건은 긍정적인 생각과 소망을 품은 창의적 사고에서 가능하다고 느꼈다. 그래서 우린 생각이 젊어야 자신감과 열정이 생기고 번득이는 생각도 하게 된다는 의미속에서 세월이 주는 "Time age"보다는 마음과 생각에 따라 얻어지는 "Mind age"로 생활하자는 것이다.

이로 인해 우리의 삶은 더욱 활기가 넘치게 되고 자신감과 행복감에 충만하여 늘 멋지고 기쁜일들이 기다리고 있지 않을까 생각된다. 우리 모두가 나이와 상관없는 청년같은 열정과 긍정마인드로 행동한다면 이 세상 어떤 사람과도 소통하게 되는 호감형 인간이 되어 가지 않을까 생각한다. 대다수 창조적인 생각은 특별한 사람만이 하는 것으로 인식하고 있다. 그러나 창조적인 생각은 지금까지 어느 누구도 하지 않았던 생각을 해보는 것이고 불가능해 보여도 도전해 보는 것이다.

창조적인 힘을 키우려면 먼저 질문력, 관찰력, 정보력, 결합력, 역발상력, 표현력, 도전력, 몰입력 등 8개 POWER를 만들어 가야 한다. 또한 사물과 현상을 바라보는 눈도 한가지인 듯하나 변화를 향한 바라봄의 3가지 원칙이 있다고 하는데 먼저 특별한 의식없이 그냥 눈에 보이는 "See관점"과 어느 정도 의식을 가지고 관심있게 바라보는 "Look관점" 원리와 원칙, 변화를 향해 그 대상을 상세하게 "관찰하여 보는 방법인 "Watch관점"이 있다라고 한다. 이러한 Watch관점을 가지고 상상력과 창의력을 발휘하여 변화시대에 걸맞은 새로운 가치를 창출해내는 행복한 창조도시의 주인공들의 멋진 모습들을 그려볼 때, "어찌그리 아름다운지요"라는 표현이 적절하지 않을까요?

(20130710. 광주광역시의회
산업건설전문위원. 광주일보 기고)

# 05 / 삶의 성장변곡점인 Tipping Point

* 티핑포인트 : 어떠한 현상이 서서히 진행되다가 작은 요인으로 한순간 폭발하는 것.

우리의 인생은 늘 기다리는 삶인 듯 하다. 각자의 삶속에 정한 비전과 목표를 향해 오늘도 쉬지 않고 그 길을 향해 묵묵히 가고 있는가? 그러나 우리주변에 쉽게 찾아 볼 수 있는 것은 사회에 아직 진출하지 못하고 취업을 준비하고 있는 젊은 예비직장인들과 대학생들이 대학도서관에서 연일 자기자신과 싸우고 있는 모습속에서 성장발전과 큰 변화의 변곡점이라 할 수 있는 티핑포인트를 발견할 수 있었으면 한다. 급변하는 상황속에서 우리가 살아가다보면 예상치 못했던 힘든 역경의 과정들이 닥쳐 오게 되는데 다시 일어서서 가던 길을 지속적으로 갈 수 있는 마음과 열정속에서 그날을 품고 기다리며 오늘을 열심히 살아가는 그 모습 그 자체가 얼마나 멋진 삶인가 하고 한번 상상해 본다.

여기서 말하는 티핑포인드(Tipping Point)는 과연 무엇인가?
상황변수에 따라 달리 설명할 수 있겠지만 균형이 깨지는 급성장의 변화곡선이며 성공과 행복해지기 위한 중요한 시점의 변곡점이 티핑포인트인데 중요한 것은 어디쯤에서 어떻게 만나는가가 관건이다.

또한 이것은 우리 삶과 어떠한 관계가 있는가? 티핑포인트 어원을 살펴보면 미국 동북부 도시에 거주하는 백인들이 교외로 탈주하는 현상을 가리키는 사회용어이기도 하는데 백인가운데 흑인 급증이 20%정도에 이르면 백인들이 한순간에 떠나 버린다는 것을 말한다. 즉 아주 작은 것에서 출발하여 어느 정도에 달하면 극적으로 변화되는 순간을 말하기도 한다. 우리들의 생활속에서 보면 물이 99℃에서 끓지 않다가 100℃가 될 때 불과 1℃의 차이로써 질적으로는 큰 변화가 일어나고 있는 현상과도 비슷한 상황을 티핑포인트라고도 할 수 있겠다. 그러나 우리는 세상을 살아가면서 티핑포인트는 누구에게도 있게 마련이고 그 누구도 피할 수 없는 우리가 넘어야 할 필수 변곡점이기도 한다.

처음에는 아무리 노력해도 성과가 없다가 그러한 노력들이 응축되어 20%정도 진행되면 티핑포인트에 도달하게 된다는 것이다. 그러나 우리는 티핑포인트를 발견하지 못하고 인지도 않고 살아 갈 때가 너무 많이 있다. 현재 기업가로 성공한 사람들 유명한 연예인들과 세계적으로 알려진 스포츠맨들은 남이 알지 못하는 무명의 세월가운데 어려움을 견디며 이겨 낸 그 시점과 그로 인해 급성장하게 되는 티핑포인트가 있었고 잘 통과 했기에 오늘날 그 화려함과 영광을 누리고 있지 않는가 생각된다.

우리 주변사람들을 살펴보면 항상 나는 언제 성공할수 있을까? 나는 언제 유명한 직정에 취직할수 있을까?하면서 앞이 보이질 않는다고 걱정하며 지내는 사람들이 많이 있다고 본다. 외국에 있었던 예화이기는 하는데 한 길거리에서 말없이 한곳에 계속해서 돌을 깨고 있는 석공에게 다가가 그렇게 큰 돌이 언제 깨집니까? 하고 한심하다는 걱정과 함께 질문하게 된다. 그러나 한 석공이 말없이 계속해서 같은 자리를 백번정도 두드렸으나 아무런 변화가 없다가도 백 한번째 내리치는 석공의 망치로 인해 두조각으로 갈라지고 마는 것은 그동안의 백번의 망치질이 있었기 때문이라고 "벤자민 프랭클린"은 말했다고 한다.

우리들이 살아가는 삶속에서 저마다 가치관과 생각들이 다 다르기에 티핑포인트를 만나는 변곡점이 다 다르다고 본다. 다만 언제 누가 빨리 도달하는 차이일 뿐이라 생각한다. 그런데 어떤 사람은 너무나 성질이 급해서 티핑포인트 도달 일보직전에 포기하고 무너지는 경우가 너무 많다는 것이다.

이제라도 우리 인생의 삶가운데 티핑포인트는 피할 수 없는 어느 누구에게도 공평하게 다가오는 희망의 변곡점, 성공의 변곡점이라는 것을 인식하고 각자의 삶속에서 지혜롭게 잘 통과해서 끊임없이 지속성장하고 많은 변화들을 이끌어 내는 창조경제시대에 걸맞는 창의와 상상의 멋진사람들이 되어 갔으면 한다. 이제 새로운 생각으로 새로운 시각으로 우리들 각자의 티핑포인트는 언제였는지 아니면 언제 다가올지 조용히 가름해 보는 것도 지혜롭지 않을 까? 먼저 우리광주를 보면 그동안 소비도시이자 교육도시로만 불리어 왔다.

그러나 지금 광주는 어떠한가? 시민이 행복한 창조도시로 문화예술과 첨단산업이 어우러져 수출을 가장 많이 하는 국제도시로 변화되고 있다. 여기서 우리의 티핑포인트는 어디일까? 분명한 것은 티핑포인트를 슬기롭게 넘기고 급성장하고 있는 행복도시가 분명하다. 최근 각종 국제행사의 많은 유치로 이제는 성공적으로 잘 치러낸다면 분명 지역경제활성화는 물론 도시브랜드 이미지 형성에도 기여할 것이다.

마지막으로 새로운 가치를 창출해 가는 열정적인 행동속에서 발전. 성공. 변화의 변곡점인 티핑포인트를 잘 통과해서 다함께 웃고 더 행복해지는 멋진 세상을 만들어 가는 그 주인공은 누구일까요? 바로 "나 자신이자 바로 당신"이라고 믿고 싶다.

(20130830. 광주광역시의회 산업건설전문위원. 무등일보 기고)

# 06 행복공장 CEO의 꿈

"우리들의 행복은 어디에서 오는가" "나는 얼마나 행복한가" 늘 나 자신에게 물으면서 살아가고 있지 않는가 생각된다. 그러나 우리의 판단기준을 너무 쉽게 정하고 속단하곤 해서 힘들어 하는 경향이 있다. 이러한 상황속에서 어떻게 대처해서 진정한 행복을 소유할 것인가 아니면 어디론가 사라지도록 방관시만 하고 있을 것인가. 결국 우리 삶가운데 행복을 만들어 가는 주인공은 나 자신이라는 걸 잊지 말았으면 한다.

 난 오늘 아침도 여느 때와 같이 건강을 지키고 새로운 활력을 받기 위해 살고있는 주택가에서 가까운 도심 천변을 따라 조깅하면서 스치는 바람결속에서 "아 좋아. 정말 행복해 이렇게 도심속에서 달릴 수 있는 공간이 있다니." 그리고 초가을 아침하늘을 쳐다보니 뭉게구름속에서 많은 생각들을 떠오르게 하고 가볍게 부는 바람은 내몸을 감싸며 활력을 주기도 하네. 또한 울창하게 자란 버들숲사이로 상쾌한 공기를 내품고 가늘어 넘어질 듯 흔들리며 피어있는 코스모스는 보는 이의 마음을 환하게 열리게 하고 졸졸 흐르는 물소리는 평안함까지 더해주니 보고, 듣고, 생각하고, 느끼게, 하는 4감(感)의 마음으로 아침을 새롭게 창조해 보았다.

우리들만의 행복, 나만의 행복도 어느 누구에게서 받은 것이 아닌 나의 마음가짐속에서, 자연환경속에서, 흐르는 시간속에서, 사람과의 만남과 관계속에서, 주어진 일과속에서, 우리는 늘 진정한 행복을 만나고 느끼고 교감하게 된다. 은밀히 나가오는 나만의 행복을 느끼며 이러한 행복바이러스를 주변사람들에게 퍼뜨려 보다 멋지고 아름다운 세상을 만들어 가는 행복공장 CEO가 되어 보는 꿈을 꾸어 본다.

우리가 생활하면서 많은 사람을 만나게 되는데 사람을 처음으로 대면할 때 첫인상(First Impression)이 아주 중요하다. 지금은 이미지 메이킹시대로 얼굴표정과 환한 행복한 미소가 첫인상의 중요요인으로 작용하고 있다. 행복한 미소는 강력한 긍정의 에너지를 상대에게 전하게 되며 그래서 내가 원하는 대로 상대방의 도움을 끌어 내는 것을 한결 쉽게 만든다. 우리는 사람과의 관계, 업무적인 비즈니스 관계속에서도 차별화 전략으로 성공을 이끌어 내는 무한경쟁시대에 살아가고 있다.

이러한 시점에서 볼 때 환한 미소만큼 최고의 전략은 없다라고 본다. 왜 우리는 웃어야 하고 환한 미소를 지어야 할까? 먼저 건강에 아주 좋다는 것이고 사람과의 관계속에서 공감과 호감을 동시에 갖게하고 서로 소통하게 하고 자신감을 주게 된다. 또한 서로의 마음도 열리게 할뿐아니라 그동안 생각지도 못했던 멋진생각을 갖게하고 번득이는 아이디어 발상능력까지도 높여준다는 것이다.

매일 누구에게나 변함없이 찾아오는 하루를 시작하면서 아무도 없는 나만의 공간속에서 작은 행복을 만들어 가는 훈련을 거듭해 보자. 우리 모두 거울앞에 서서 "난 멋진사람 이야" " 난 모든 걸 잘 할수 있어" " 난 최고야. 난 행복한 사람이야" 이런 이미지메이킹 행동을 습관화한다면 분명 하루의 삶은 활기차고 멋진 생각들로 가득할 것이며 매사가 적극적이며 열정적인 모습으로 새롭게 변신해 가리라 본다.

우리가 지금 행복해 하면 우리가 상상하는 셰계가 흥미진진해 지고 새롭게 놀라운 것 , 재미있는 것 , 진귀한 것, 인생을 바꾸는 것, 이러한 모든 것들을 상상속에서 만들어 내는 성과물을 보게 될 것이다. 우리는 한번 태어난 인생으로서 살아가면서 조연이 아닌 주연으로 생각하고 활동하며 자기 주도적인 삶을 살아가는 행복공장CEO가 될 때 그어떤 환경에도 남들에게 휘둘리지 않고 내뜻대로 살아가며 창조적인 멋진 삶을 살아갈수 있으리라 믿는다.

앞을 향한 미래계획을 세우고 인생을 살아간다면 얼마나 알차고 멋진 삶을 누리게 될까. 지금부터 5년후 나의 삶과 내가 서 있어야 할 그 자리는 어디일까를 생각하는 것이다. 인류의 현자였던 " 간디"는 인간은 오직 사고(思考)의 산물일 뿐이다. " 인생은 생각한 대로 되는 법이다" 라고 했던 말이 미래계획을 세우는데 많은 의미를 안겨 주고 있다.

필자인 나도 5년후 인생목표를 정해 본다면 한시민이자 프리렌서로서 가정과 직장에 행복을 만들어 배달하는 행복공장의 CEO, 문제속에서 해결점을 찾아주는 아이디어맨, 멋진 플랜을 설계하는 창의기획 컨설턴트가 되어 보는 것이다.  이를 위해 난 여기서 타인들과 관계도 더욱 심화시켜 나가고 나의 능력 또한 더 확장시켜 더 많이 봉사하고 남들로부터 더 많은 은혜도 받아서 이 세상 어디에도 없는 행복공장CEO가 되는 꿈을 꾸며 우리 모두가 함께 실현되어 지길 기대해 본다.

(20131007. 산업건설전문위원. 광남일보)

# 07
## 꿈이 있다면
## 그어떤 상황속에서도
## 일어 설수 있다.

　우리가 인생을 살아가는 동안 보내고 맞이하는 새로운 세상가운데 2014년 갑오년(甲午年)은 60년마다 돌아오는 청말(靑馬)의 해로서 우리들에게 주는 의미가 박력, 생동감, 역동성, 순발력, 강인함, 성공, 부의축적, 승승장구 등 좋은 행운적인 글귀들을 떠오르게 한다. 특히 서양에서는 청마(靑馬)를 유니콘에 비유하여 행운과 행복을 가져다 준다고 믿고 있는데 특히 금년에는 우리가 세운 꿈과 비전 속에서 역동적이고 도전적인 삶을 통해 큰성과들로 이어지는 멋진 한해가 되도록 간절한 마음을 담아본다.

　꿈과 비전이 우리삶가운데 매우 중요한 역할을 하고 있다고 본다. 꿈이 있다는 것이 얼마나 귀하고 행복한지 모른다. 꿈이 있는 자는 우리 생활가운데 넘어져도 오뚜기처럼 바로 일어나지만 꿈이 없는 자는 일단 넘어지면 일어나지 못하는 경우가 많다고 한다. 이렇게 꿈은 우리 삶을 역동적으로 이끌어 주기도 하지만 없는자에게는 힘든 삶을 보여주는 극명한 차이를 보여 주고 있다고 하겠다. 그래서 우리들은 개인과 직장의 발전을 위해 1년에서 3년의 단기계획과 5년에서 10년의 중기계획, 20년이상 장기비전계획을 수립 추진해 나가는 이유도 이를 대변하고 있지 않나 생각된다.

미국 하버드대학연구소에서 IQ, 학력, 자라온 환경 등 비슷한 사람을 대상으로 꿈이 사람의 인생에 미치는 영향조사를 하여 그 결과를 발표했는데 그중에서 27%는 목표가 없었고, 60%는 목표가 있었는데 희미했고, 10%는 목표는 있는데 비교적 단기적이었고, 단 3%만이 명확하고 장기적인 목표를 가지고 있었다고 한다. 조사이후 25년이 지난다음에 목표치에 대한 조사를 해 본 결과, 명확하고 장기적인 목표가 있었던 3%는 사회각계의 최고인사가 되어 사회주도 인물로 영향력을 행사하고 있었고 거두절미하고 목표가 없었던 27%는 아직도 최하위 수준의 생활로 남과 사회의 구제를 바라고 있었다고 한다.

여기에서 우리는 꿈과 비전이 우리 삶가운데 얼마나 많은 영향을 끼치고 있는지 어리짐작 할 수가 있겠다. 이렇게 꿈이 있는 자와 없는 자의 차이가 극명하게 나타나듯이 우린, 꿈과 비전을 품고 도전하는 강인함과 실천력으로 행동한다면 우리 삶속에서 진정한 행복의 가치를 맛보고 느낄수 있으리라 본다.

또 한예를 들어보면, 언젠가 영국BBC방송에서 지난 1,000년동안 가장 위대한 탐험가 10명을 선정했는데 그중 1위는 아메리카 대륙을 발견한 콜럼버스였고 5위는 남극탐험가 어니스트 새클턴이 선정되었는데 새클턴의 위대한 도전을 살펴보면 1913년에 남극탐험대 모집광고를 이렇게 했다고 한다. "대단히 위험한 탐험에 동참할 사람을 구함, 급여는 쥐꼬리만 함. 혹독한 추위와 암흑과 같은 세계에서 여러달 보내야 함. 탐험기간동안 위험은 계속될 것임. 무사히 귀환한다는 보장도 없음. 그러나 성공만 한다면 명예, 만인의 사랑과 인정을 받게 될 것 임" 이라고 했는데도 5,000여명이 참가 희망했으나 최종적으로 생물·지질·물리·생화학 전공한 대학강사와 의사, 사진사, 조각가, 선원 등 다양한 직종 분야들로 28명 대원을 확정하였다고 한다.

드디어, 1914년 12월에 사우스 조지아섬을 출발 남극탐험을 시작했는데 얼마 안되어 부빙조난을 당해 무려 635일 장기간 표류했지만 전원 귀환할 수 있었던 비밀이 있었다. 그게 바로 그 어떤 상황속에서도 "우린 살아 남을 수 있다" "내일 구조선이 도착할 수 있다"라는 희망의 꿈을 버리지 않았기 때문이라고 한다.

탐험가 새클턴의 도전정신과 위기탈출을 보면 우리들에게 많은 교훈을 던져주고 있다. 먼저 탐원대원 각자 스스로를 주인으로 느끼게 만들었다는 것과 주변상황이 어렵게 되자 생존을 위한 희망만 빼고 불필요한 것은 가차없이 버리도록 하였고 그 어떠한 상황속에서도 미래를 준비 했으며, 최종목표를 잊지 않고 과감하게 도전했고 끝까지 책임을 지는 모습을 보여줬다고 한다.

결과적으로 이런 행동은 그들이 세운 꿈인 최종목표를 향해 그 어떤 악조건속에서도 절망하지 않고 불굴의 의지를 펼쳐 보임으로써 탐원대원 28명 전원이 생환되는 기적을 낳았는데 지금 우리들에게는 꿈이 있었기에 도전과 모험의 위대함을 새롭게 일깨워 주고 있다 하겠다.

다가오는 6월4일에는 지방자치단체장과 시도교육감, 광역시도의원과 시군구의원 등 지방선거가 있어 그 어느해 보다 변화가 요구되는 의미있는 해이기도 한다. 이 지역발전을 위해 꿈과 비젼을 제시하고 새로운 정책과 방향을 보여 주려는 의지속에서 지역주민의 다양한 생각들도 수렴하여 비젼 공약을 제시하는 멋진 사람들이 많이 나왔으면 좋겠다. 지금까지 잘못된 전철속에서도 새로운 것을 발견하는 다시 말해 지난 과거가 있었기에 다가오는 미래를 더 알차게 꿈꾸고 준비하는 멋진 사람들이 모여 선의 경쟁하는 사회가 되었으면 좋겠다는 생각이 든다.

마지막으로 우리가 매일 반복되는 언제나 어김없이 찾아오는 나날속에서 살아가고 있지만, 우리가 품은 꿈과 비젼속에서 오늘 하루 "지금 이 순간"를 소중하게 생각하고 놓치지 않으려는 가운데 "나는 세상에서 가장 행복한 사람이다" "나는 세상에서 최고이다"라고 긍정 마인드코칭 훈련이 매우 중요하다고 본다. 이러한 훈련의 결과로 늘 자신들의 모습이 새롭게 변화되어 가는 생활속에서 행복을 느끼고 누릴 수 있길 바라고 결국 자기 자신만이 행복의 주인공이 될 수 있다는 소박한 진리를 발견하고 깨닫는 우리 모두가 되었으면 한다.

(20140113. 산업건설전문위원. 광주매일신문사 기고)

# 08 / 나를 사랑하게 하는 긍정의 힘

　우리는 날마다 아침에 일어날 때 어떤 마음으로 일어나는가? 어떤 이는 기지개를 켜면서 "아이고 죽겠다"라고 하고, 어떤이는 "아이고 잘 잤다"라고 하면서 눈을 뜬다. 지난밤 가만히 생각해 보면 뒤척이지 않고 깊은 숙면을 취하고 상쾌하고 건강한 몸으로 일어나 하루를 시작하는 나는 얼마나 행복한 사람인가?

　그런데 통상 하루를 시작하면서 이런 감사함보다는 오늘해야 할 일 때문에 고민과 걱정한 두려운 마음으로 시작한다면 똑같은 상황속에서도 일의 성과가 달라지는 두종류의 사람을 볼 수가 있다. 우리들의 마음은 생각하고 상상하는 대로 만들어 주는 우주와도 같아서 눈앞에 벌어질 두려움을 상상하면 두려워했던 상황이 실제가 되며 즐거운 일을 상상하면 즐거워하는 자신의 모습을 바라보게 될 때를 경험한 경우가 있을 것이다.

미국 한대학에서 실험연구한 결과가 나왔는데 잠을 제대로 못잔 사람에게 다가가 "잠을 잘 잤다"라고 말해 줬더니 숙면 취했다는 믿음만으로 기억력과 주의력이 20%나 더 높아졌다고 하는데 이는 "플라시보 효과"( Placebo effect)라고도 한다.

오늘은 어제 우리들이 그렇게 기다렸던 내일이 오늘인 것이다. 오늘을 시작하는 이 아침 이 시간에 감사함속에서 나자신을 발견하고 나자신이 주인되는 하루를 만들어 가보자. 항상 바쁜 일정과 시간속에서 나를 잃어 버릴 때가 너무 많이 있는 것 같다. 나 자신을 위해 살아가는 인생이 아닌 남과 주어진 일을 위해 살아가고 있는 착각속에 빠지게 되는 경우가 많이 있다. 매일매일 변함없이 찾아오는 우리 삶속에서 나자신을 되찾고 나자신에게 칭찬하고 사랑하는 마음들을 많이 품어 갔으면 한다.

나를 사랑하지 않고 존경하지 않고 남을 사랑하고 존경한다는 것은 있을 수 없는 일이다. 내가 나를 긍정하면 세상도 나를 긍정한다고 한다.
행복과 성공을 부르는 긍정 심리학자이자 자존감계발 전문가인 "미아 퇴르블롬(Mia Tornblom)"은 "당신의 인생에서 가장 중요한 사람은 누구입니까? 라고 질문한 결과는 미리 짐작이라도 하듯 사랑하는 아이들, 남편이나 아내, 부모님이라 답했다고 한다. 그렇다면 당신은요? 라고 했듯이 가장 중요한 나를 찾지 못했음을 알 수 있었다.

이제라도 나를 찾고 자기 자존감을 키워 가는데 시간을 투자해 보는 노력을 해보자. 우리는 때론 완벽주의를 지향하며 살다보니 보이지 않는 많은 스트레스를 받고 살아가고 있다. 우리는 누구도 완벽할 수 없고 또한 완벽하다고 해서 언제나 좋은 것만은 아니다. 완벽주의에 사로잡혀 있으면 자신이 늘 부족하다는 느낌과 함께 불만 때문에 항상 주어진 삶속에서 힘들어 하고 있음을 볼 수가 있다.

우리 마음속에 도사리는 완벽주의를 없애려는 노력가운데 좀 더 인간다울 수가 있고 자신이 지은 실수를 보고 너털웃음도 지을 수 있는 여유가 생길수 있다라고 본다.  모든 사람들이 완벽주의 나를 버리고 부족한 나를 사랑하고 이해하려는 마음을 가져 본다면 세상에서 가장 존귀한 자로서 작은 것에서도 행복을 찾으며 살아 갈 수 있을 것이다.

"나는 훌륭하다. 대단하다. 무엇이든 할 수 있다" 라는 자기확신에 찬 긍정의 생각으로 하루를 출발하고 마무리 한다면 자신도 정말 놀라는 변화된 삶을 누리게 될 것이라 생각해 본다.

성공비밀을 밝혀낸 바 있는 "나폴레온 힐"은 성공을 이루게 하는 마법과도 같은 힘을 "긍정적인 정신자세"라고 했는데 이는 "어떤 상황이라도 이익이 되는 방향으로 변화시키겠다는 확고한 목표"를 말하며 "하드마 간디" 는 "난 할 수 있다는  신념을 품으면 처음에는 그런 능력이 없을지라도 나중에는 틀림없이 할 수 있는 능력을 갖게 된다" 라고 말하고 있다. 결국 우리 삶에 영향을 미치는 어떤 상황에서도 감정에 흔들리지 않고 균형잡힌 긍정의 삶을 통해 마음의 평안과 모든 일을 해 낼 수 있다는 것이다.

더 나아가 인생을 좀 더 심플하게 살고 자신을 있는 그대로 사랑하고 싶다면 자존감을 높여라. 자존감이 높을수록 마주치는 어떤 난관에도 영향을 받지 않고 불가피 다가오는 좌절감도 훨씬 쉽게 다룰 수 있다고 한다. 이러한 건강한 자존감으로 인해 모든 사람과의 관계속에서도 참다운 행복을 누릴 수가 있다는 것이다.

통상 자존감(Self-Esteem)을 "나만이 가진 특별한 가치에 대해 깨닫고 자신답게 느끼며 살아가는 것이다" 라고 한다. 그래서 지금은 남과 경쟁하는 시대가 아닌 나 자신과 경쟁하는 블루오션시대라고 말하고 있지 않는가.  이렇듯 차별화된 가치관과 긍정적인 정신자세로 내 삶의 주인공이 되고 모든 이와 함께 나눌 수 있는 기쁨과 행복 바이러스를 세상속으로도 날려 보낼 수 있는 여유를 어디에서 찾을까요? 바로 그 해답은 "나를 사랑하게 하는 긍정의 힘(Power)"를 믿고 날마다 조금씩 행동으로 옮기려는 작은 실천의 노력에 있다"는 것을  우리 모두 공감하고 느끼는 멋진 하루가 되었으면 한다.
(20140307. 산업건설전문위원.  전남매일신문사 기고)

# 09 / 삶속에서 만들어 가는 "행복지수"

우리가 찾고 누리고자 하는 행복은 어디에 있을까? 모든 사람들은 파랑새를 찾아 오늘도 거리에서, 직장에서, 가정에서, 찾아 나서고 있을까? 최근 한국 직장인 평균행복수준에 대해 삼성경제연구소에서 조사한 결과가 나왔는데 우리 삶 전반에서 느끼는 행복은 64점인데 직장생활에서 느끼는 행복은 55점으로 나왔다.

특히 직장인들이 행복에 가장 큰 영향을 미치는 것은 직장이 얼마나 즐겁고 편안하고 웃음이 있는가에 대한 긍정감성이 큰 요인으로 나타났다. 결과적으로 볼 때 우리 삶과 직장인의 행복도가 그리 높지 않은 것 같다. 왜 그렇지 하고 의구심도 갖게 하지만 결국 행복에 대해생각하는 개념의 차이가 아닐까 한다.

소프트뱅크 손정의 회장이 행복에 대해 갤럽조사를 했는데 "진정한 행복이 무엇이냐"
라고 물었을때 "지금 내가 건강하게 숨쉬고 하루하루 살아간다"는 사실만으로도 최고의 행복을 느낀다고 답이 나왔다. 그러나 우리는 어떠한가 이처럼 건강해서 내 마음대로 숨쉬고 있다는 것이 얼마나 중요한데 이러한 것에 대해 우리는 대수롭지 않게 소소하게 생각하고 있는 것에 대해 다시한번 의미를 되새겨야 하지 않을까 한다.

 2012년도에 "이 세상에서 어떤 나라가 가장 행복할까" 하고 유럽신경제재단(NEF)에서 143개국을 대상으로 조사했는데 한국은 68위였고 부탄이라는 소득수준도 낮은 산악지대 작은나라가 행복지수 1위로 나타나 우리들을 놀라게 했다. 1972년에 부탄 국왕인 왕추크가 국민행복지수(Gross National Happiness)를 제정하여 경제성장 몰두보다는 가치있는 삶에 초점을 두고 운영한 결과일지도 모른다.

 행복지수를 측정하는 기준도 심리적웰빙, 건강, 시간활용, 교육, 문화적 다양성, 좋은 거버넌스, 커뮤니티 활력, 생태적 다양성에 대한 영역이었고 특히, 가족은 물론 이웃 사회공동체와의 원만한 관계속에서 행복을 추구하며 느끼고 살아가고 있다는 것이다. 이런 상황에서 볼때 경제 성장율과 행복지수가 비례하지 않고 우리삶속에서 사람들과의 관계성이 얼마나 중요한지를 깨닫게 한다.

 미국의 "행복경제학" 시조이자 남가주대 교수인 "리처드 이스털린"은 경제성장률이 높으면 오히려 행복이 줄어든다고 했다. 그러나 한국은 외국인 거주자들의 눈에는 충분히 행복해 질 수 있는 잠재력있는 나라라고 생각하고 있으며, 행복지수를 높이려면 "요르그알레딩" 스위스대사는 세계적으로 근무시간이 많은 한국나라이기에 느낌표(열정)보다 쉼표(휴식)가 필요하고 균형이 있어야 한다며 스위스처럼 직장인들에게 1년에 4주간 휴가를 주어 푹쉬게도 하여 능률도 오르고 긍정적인 기분으로 살 수 있게 환경도 조성해야 한다고 했다.

우리나라가 행복국가가 되기 위한 조건으로 국민들이 늙어서도 유급일자리를 얻기가 쉽고, 젊은시절에 쌓았던 자기지식과 경험을 통해 사회에 봉사도 많이 할 수 있도록 여건이 마련된 나라를 만들어야 한다는 것이다. 사회학자 심리학자들은 행복은 일에서의 성공, 일확천금, 권력이나 명성처럼 거창한 것이 아닌 가족·공동체·사랑하는 사람들과 스킨십, 쾌적한 환경, 사람에 대한 신뢰 등이며 이를 위해 우리가 악기나 자전거를 부단한 력을 통해 배우듯이 "행복도 연습할수록 커지며 또한 삶의 습관이 된다"라고 전문가들은 얘기하고 있다.

영국의 공영방송 BBC에서 다큐멘터리 "슬라우 행복하게 만들기" 프로그램을 위해 심리학, 의학, 사회학분야 6명 전문가로 구성된 행복위원회에서 마련한 "행복헌장 10계명"을 소개하고자 한다.

먼저 1주에 3회정도 30분씩 운동하라. 좋았던 일을 떠올려 보라. 배우자나 가장 친한 친구와 허심탄회한 대화를 나누라. 식물을 가꾸라. TV 시청을 반으로 줄이라. 다른사람에게 미소를 지으라. 친구에게 전화하라. 하루에 한번이상 유쾌하게 웃어라. 자신에게 작은 선물하라. 매일 누군가에 친절을 베풀라. 이렇게 2개월정도 실천해 보았는데, 순간 변화된 자신 모습속에 만족스러움을 발견하고 놀랐다는 것이다.

로마의 황제이자 철학자였던 "마르크스 아울레리우스"는 "행복한 사람은 스스로 행복을 창조하고 느끼는 사람이다"라고 말했듯이 결국, 우리들이 추구하고 있는 행복은 누가 만들어 주는 것이 아니라, 내가 삶의 주인공이 되어서 "행복헌장 10계명"을 지속적으로 실천하여 삶의 질을 높여 행복의 변화를 이끌어 내는 것이다. 우리 모두가 가치있는 삶을 통해 일상속에서 행복지수를 높여 행복한 나라가 되는 것을 꿈꾸어 보면 어떨까요?

마지막으로, 광주라는 창조행복 도시속에서도 "우리 모두가 스스로 창조하고 느낄수 있는 행복은 과연 무엇일까" 하고 상상해 보자.

(20140411. 산업건설전문위원. 남도일보 기고)

# 10 / 소셜미디어 시대 바라보는 "관점의 변화"

　지금은 내가 소유한 스마트폰 하나만 있으면 "나를 방송할 수 있는 뉴 미디어시대"에 살아가고 있는 것 같다. 우리들의 마음 속에 있는 많은 생각들을 아주 간단한 터치만으로 서로 공유하면서 새로운 힘으로 작용하고 있는 소셜미디어 시대의 놀라운 변화속에 정말 세상이 많이 바뀌고 있다는 것을 실감하게 한다.

　신문·방송 등의 매체는 한쪽의 목소리만을 전하는 일방향적인 관계라면 소셜미디어는 다양한 콘텐츠가 이용자들에 의해 만들어 지고 공유되는 쌍방향관계라고도 볼 수 있다. 최근에 인터넷 포털업체 다음(DAUM)과 카카오(KAKAO)회사가 통합하여 새로운 콘텐츠와 결합된 "다음카카오"로 출범하여 웹개발의 뉴미디어시대를 이끌겠다는 소식을 접한 적이 있다.

이렇게 급변하는 시대에 우린 어제의 일 때문에 오늘을 고민하고 있는가 하면 다가오는 내일 일들 때문에 오늘을 불안해 하며 살아가고 있는게 우리 모두의 보통사람의 인생이야기가 아닐까 한다.

그러나, 오늘을 새로운 시각과 변화된 관점으로 달리 바라볼 때 분명 긍정적인 요인들이 작용하여 우리들의 생각들을 모여지게 하고, 또한 생각의 흐름이 거대한 물결에 휩싸인 것이 아니라 남들과 차별화된 독창성으로 다가갈 때 해결해야 과제들이 좋은 대안으로 응답하리라 본다.

관점을 바꾸면 위기상황속에서도 극복하는 힘이 생긴다고 한다. 그리고 그동안 보이지 않았던 것들도 보이게 된다는 것이다. 다른 사람들이 통상적으로 다 안된다고 강하게 말할 때 상황을 뒤집어 긍정적으로 생각할 줄 아는 사람들이 늘어나 위기를 기회로 만드는 새롭고 멋진 세상을 만들어 간다면 오늘이 얼마나 행복하고 소중한 하루인가를 다시한번 생각하게 할 것이다.

그러나, 지금 국내외적으로 여러가지 어려운 상황속에 처해 있어 우리 모두가 힘들어 하고 있는 것 같다. 그동안 생각치도 못한 끔찍한 안전사고 사건들이 간헐적으로 발생하고 있어 정말 마음이 아프다. 지금까지 관성대로 살아오는 것에 너무 익숙해져 있기에 우리주변에 이런 일들이 자주 일어나고 있는지도 모르겠다. 우리가 살아가는 인생의 삶을 주관적으로 보는 것보다는 마치 손님처럼 객관적으로 보고 살아오고 있지는 않는지 다시한번 생각하게 한다.

주변에 혁신하고 사회를 발전시키는 사람들의 관성을 보면 자기자신만의 주관성을 가지고 편견없이 세상만사를 판단하는 사람들이라고 생각이 든다. 내가 무엇을 중요하게 여기는지도 조차 모르고 사는 사람들도 있어 안타까움이 많이 있는데 이제라도 관성대로 살아가는 인생이 아니라 내 인생을 자기주관을 가지고 멋스럽게 창조하는 세상의 주인공처럼 살아가는 것이

쇼셜미디어시대 우리에게 주어진 과제이자 지상명령이 아닐까 생각된다.

탈무드에 "만나는 사람 모두에게서 무엇인가를 배울 수 있는 사람이 가장 현명한 사람이다" 라는 글귀가 생각난다. 이것은 무엇을 의미하는가 바로 그것은 우리 모두가 사람을 만나 어울리면서 사람에게서 배우는 것이 얼마나 중요하는지를 우리들에게 주는 메시지 인것이다. 만나는 사람마다 그 사람만의 고유장점이 있다고 보는데 그런 장점을 한가지씩만 닮아간다면 나도 몰래 정말 장점이 많은 멋진사람이 되어가지 않을까라고 상상해 본다.

그래서 우리 직장이나 사회생활가운데 서로의 장점만을 뽑아내어 새롭고 밝은 세상을 만드는데 도움이 되는 상상력과 창의력이 풍부한 사람으로 까지 변신해 간다면 우리가 추구하고 있는 행복한 삶은 자연스레 영위되지 않을까 생각해 본다.

이제 급변하고 있는 변화 흐름속에 순응할 수 있도록 긍정의 생각속에서 바라보는 관점을 달리하여 지역의 발전은 물론 살기좋은 따뜻한 공동체를 만들어 가는데 늘 함께 할 수 있는 여유있는 그런 사람, 민주인권도시 빛고을 시민답게 밝고 환한 웃음과 미소속에서 그 모든 것을 묻고 그 해답을 찾아내는 것이 SNS시대 우리들에게 요구하고 있는 변화의 관점이 아닐까요.

(20140801, 시의회 산업건설전문위원, 광남일보 기고)

# 11 / 기업과 함께 호흡하자.

　기업은 현대사회에서 부가가치와 일자리를 만들어내는 가장 중요한 원천이다. 농경시대에 기름진 고래실논 몇 마지기만 있으면 여러 식솔들을 배불리 먹여 살릴 수 있었던 것처럼, 오늘날은 건실한 강소기업 하나면 지역에서 수많은 사람들이 더불어 먹고 살 수 있는 길이 열리게 된다.

　그렇다면 우리 광주에는 몇 개의 기업이 있을까? 중소기업중앙회에서 '2012년 기준 사업체조사'를 바탕으로 작성한 자료에 따르면, 광주는 58개의 대기업에 39,575명이 근무하고 있으며, 중소기업(소상공인 제외)은 12,430개로 204,823명이 근무하고 있는 것으로 나타났다. 부양가족까지 포함하면 수십만 명의 시민들이 크고 작은 기업에 직접적으로 생계를 의지하고 있는 것이다.

이렇게 지역경제에서 기업의 역할이 매우 크므로 지방자치단체에서는 양질의 기업을 육성하기 위해 많은 노력을 기울여야 하지만, 문제는 기업을 지원하는 것 자체가 중요한 것이 아니라 기업과 눈높이를 맞추고 함께 호흡하려는 자세가 더 중요한 것이다. 해답은 현장에서 함께 공감할 때 나오기 때문이다.

광주시는 중소기업 수출 증진을 위한 15개 지원사업을 운영하고 있는데, 그런 의미에서 지난 10월 지원사업 현장에 대한 일제 실태조사를 실시했다. 아울러 지원사업에 참여하고 있는 기업들에게 사업 만족도와 일선 현장에서 진정 원하는 것이 무엇인지를 알기 위해, 전화설문과 우편설문도 각각 실시했다. 현장방문을 통해 많은 개선사항을 발견했고, 사무실에서 서류만으로는 알 수 없는 살아 있는 정보들도 얻을 수 있었다. 우편설문은 아직 기한이 완료되지 않았지만, 모두 마치게 되면 내년 사업계획 수립에 기업들의 눈높이를 반영하여 사업 효과성을 더 높일 수 있을 것으로 기대해 본다.

한편, 광주시는 해외진출을 꿈꾸는 중소기업이 필요한 자금의 조달에 어려움이 없도록 하기 위해 수출진흥자금을 운영하고 있다. 1998년부터 시작하여 2013년까지 총 252개 기업에 378억원을 융자하였다. 그런데 근래 들어 한국은행 기준금리가 2.0%까지 지속적으로 인하되면서 전반적으로 대출금리가 낮아졌다.

그에 따라 기존에 적용하던 4.0%의 고정금리는 상대적으로 부담감이 높아지게 된 것이다. 따라서 올해 공모하는 수출진흥자금은 변동금리로 변경하기로 결정했다. 금리는 기획재정부의 '공공자금관리기금 융자사업 변동금리'를 기준으로 하였다. 그 결과 올해는 작년보다 많은 16개 업체가 신청하게 되었고, 해외시장개척에 필요한 소중한 경영자금으로 쓰일 것으로 기대한다.

광주시는 매년 해외무역사절단을 파견하고 있다. 올해는 11월 중남미 사절단까지 합하면 48개 기업들이 참가하게 된다. 사실 낯선 땅에 가서 새로운 바이어를 발굴하고 계약체결까지 이르는 과정은 그리 쉽지만은 않다. 여러 번의 시도를 거듭하고 때로는 운도 따라야만 가능한 일이다. 따라서 해외무역사절단 파견의 효과가 지속적으로 발휘될 수 있도록 하기 위해, 코트라(KOTRA) 무역관을 활용한 해외지사화 사업, 후속 거래 상담을 위한 해외출장비 지원, 제품 샘플 운송비를 지원하는 해외물류비 지원 등 다양한 연계사업을 펼치고 있다. 이 모두가 그간 기업들이 현장에서 느끼는 애로사항을 생생하게 반영한 결과들이다.

광주는 그간 내륙도시로서 불리한 입지조건과 경제개발 시대 뒤처진 산업기반을 가지고 있었지만, 앞으로 자동차산업밸리, 첨단 연구개발특구, 빛가람 신재생에너지 클러스터, 아시아문화전당과 문화콘텐츠 클러스터 등 기업환경이 한 단계 더 성장할 토양들이 조성되고 있다.

그러나 물리적 인프라만 구축된다고 해서 모든 것이 해결되는 것은 아니다. 진정한 기업하기 좋은 광주, 기업이 흥(興)하는 광주가 되기 위해 필요한 것은 기업과 함께 공감하고자 하는 마음자세가 중요하다. 이제 우리 모두 기업과 함께 호흡해보자! 그리고 함께 힘차게 도약해보자!

(20141121. 기업육성과장. 전남매일신문 기고)

# 12 / 100대 명품강소기업 육성

(20150107. 기업육성과장. 광남일보 기고)

# 13 / 지역경제 활력을 불어 넣는 "광주유니버시아드대회"

(20150708. 경제과학과장. 전남매일신문 기고)

# 14 / 거인의 어깨, "광주창조경제혁신센터"

'내가 더 멀리 볼 수 있었던 것은 거인의 어깨 위에서 세상을 바라보았기 때문이다.' 이는 근대과학의 선구자인 아이작 뉴턴(Isaac Newton)의 명언이다. 그가 말하는 거인은 지동설을 주장한 코페르니쿠스, 망원경을 개발하여 지동설을 증명한 갈릴레오 갈릴레이 등 선대의 과학자들이다. 그는 인류 지혜의 축적 위에 자신의 기여를 더하여 위대한 천문학자 겸 물리학자가 된 것이다. 아무리 천재라도 홀로 업적을 이루기 어려우며 선구자나 멘토의 도움이 필요하다는 것을 시사한다.

그렇다면 요즘 상상력과 창의력이 성장발전 동력으로 작용하고 있는 창조경제의 시대를 살아가는 벤처창업가들에게 있어 가장 가깝고도 든든한 '거인의 어깨'는 무엇일까? 바로 누구든지 창의적 아이디어만 있으면 성과를 낼 수 있도록 지원해 주는 '창조경제혁신센터(혁신센터)'다.

창의성을 경제의 핵심가치로 두고 새로운 부가가치를 만들어 내는 경제, 즉 창조경제의 확산 일환으로 혁신센터가 대기업과 연계하여 지난해 9월부터 올해 7월까지 17개 시·도에 모두 구축되었다. 혁신센터는 지역인재들의 유망한 아이디어를 발굴하여 창업 및 사업화로 연계하고 중소·중견기업을 거쳐 글로벌 전문기업으로 성장하도록 지원한다.

우리지역에도 올해 1월 지역 신산업과 고용창출을 견인하는 지역혁신의 거점이자 창업허브인 광주창조경제혁신센터(광주센터)가 전담기업인 현대자동차그룹과 연계하여 출범하였다. 지역경제의 성장동력이며 새로운 일자리 창출의 원천인 창업에 대한 열기가 광주센터를 구심점으로 하여 크게 고조되고 있다.

광주센터는 '생활에서 미래산업까지 창조혁신의 중심'을 비전으로 삼고 '자동차산업 창업생태계 조성'과 '서민생활 창조경제 플랫폼 구축'을 양대 추진방향으로 설정하여 다양한 사업을 펼쳐 나가고 있다. 먼저, 자동차분야 창업 활성화를 위해 현대자동차그룹이 보유한 자동차 DB와 미사용 특허를 제공하는 것을 비롯해, 창업보육, 시제품 제작소 운영 등 다양한 프로그램을 운영하고 있다.

특히 공모를 통해 선발된 10개의 보육기업에서 삼성전자 납품, 해외자본 유치, 고용창출 등 가시적 성과를 거두고 있는 것은 광주센터가 본궤도에 진입했음을 보여준다.

그리고 수소연료전지차 전후방산업 육성 일환으로, 연관산업의 기술·벤처기업을 발굴·육성하고 산·학·연 공동기술 개발과 융합스테이션 구축을 지원하고 있다. 이는 우리시가 미래 수소차 허브도시로 성장하는데 마중물 역할을 할 것으로 기대된다.

또 지역 내 중소기업의 생산성 향상을 목적으로 ICT 기기 구입, 컨설팅 등 스마트팩토리 지원사업이 한창이다. 올 상반기에 20개 기업이 수혜를 받았으며, 하반기에 추가로 20개 기업을 선정하여 지원 중에 있다.

타 혁신센터와 차별화된 서민주도형 창조경제 실현사업도 진행하고 있다. 디자인과 문화를 융합한 창조적 전통시장 육성을 비롯해, 자립형 발산창조마을 조성, ICT를 활용한소상공인 지원 등의 사업이 속도를 내고 있다. 특히 지난 7월 완료된 대인시장 막둥이 한과 등 2개 시범점포 리모델링과 소상공인의 영업지원을 위한 모바일 상점 앱 오픈은시장상인과 상점주들로부터 엄청난 센세이션을 불러 일으켰다.

아울러 유망 중소·벤처기업의 자금지원을 위해 올해부터 5년간 875억원의 창조펀드를 조성·운용할 계획이다. 수소산업 육성을 위한 수소펀드와 스마트팩토리 구축 등을 지원하는 중소기업 혁신지원 보증펀드는 올해 8월부터 운용 중이다. 자동차분야 창업을 지원하는 신기술사업펀드 등은 9월부터 운용된다. 금융지원은 창업자금이 필요한 예비창업자와 자금난을 겪고 있는 중소기업에 큰 힘이 될 것으로 보인다.

이처럼 광주창조경제혁신센터는 자동차산업에서 서민생활에 이르기까지 벤처창업가와 소상공인등이 꿈을 이룰수 있도록 '거인의 어깨' 역할을 톡톡히 하고 있다. 누구에게나 올라서는 것이 허용된 '거인의 어깨'인 광주창조경제혁신센터 활용해 우리지역에서 세계적인 창업기업이 많이 배출 되기를 기대해 본다.

(20150813. 경제과학과장. 광주매일신문 기고)

# 15 / 기업성공의 비즈니스 메카 "광주이노비즈센터" 역할

 광주시 첨단산업단지에 커다란 돛단배 모양의 하얀 건물이 올라서고 있는데 그 멋스러움이 많은 사람들의 시선을 사로잡는다. 바로 그 건물은 광주연구개발특구 육성의 거점역할을 하게 될 '광주이노비즈센터'다.

 이노비즈(Inno-Biz)는 Innovation(혁신)과 Business(기업)의 합성어로 기술우위를 바탕으로 경쟁력을 확보한 기술혁신형 벤처 중소기업을 말한다. 미국·독일 등 OECD 선진국들은 이미 1995년부터 정부차원에서 기술개발 우수 중소기업에 대한 전폭적인 지원정책을 실시해 오고 있다.

 광주시도 R&D 국가경쟁력을 보유한 중소기업을 발굴하여 기술사업화 원스톱 종합지원 서비스를 제공하기 위해, 기관간 글로벌 교류의 핵심역할을 할 '광주이노비즈센터'를 347억을 투입하여 지상 10층 규모로 건립하고 있다.

중세 1000년의 암흑기를 끝내고 찬란한 르네상스 시대를 열었던 작은 국가 베네치아는 안정과 번영을 위해 미켈란젤로·갈릴레오·라파엘로와 같은 과학자를 비롯한, 문화예술가, 철학자, 상인 등 수많은 전문가를 후원했다. 이들이 지식을 상호 공유하면서 공동 작업을 할 수 있는 기반을 마련해 주고, 과학과 문화 등 다양한 분야에 대해 자유로이 소통하고 교류하도록 적극 지원했다. 이로 인해 발생한 융합의 시너지 효과는 르네상스 시대를 여는 큰 힘이 되었다.

또한 1623년 유럽의 여러 나라에 비해 상대적으로 뒤쳐지는 영국은 주변국가의 과학기술자들을 유입시켜 특허제도에 대한 성문법을 제정하고, 유럽의 뛰어난 과학기술자들을 영국에 몰려들게 함으로써 산업혁명을 이끌어 내기도 했다.

베네치아와 영국의 사례를 통해 알 수 있듯이, 우수기술력에 대한 지원은 한 국가의 한 시대를 발전과 번영으로 이끌어 왔다.

미래창조과학부는 올해 연구개발(R&D)예산 6조 5,118억원 가운데 60%를 과학기술과 정보통신기술(ICT)분야 R&D에 투자하고 있다고 한다. 특히, 산·학·연 협력 활성화와 기술 사업화 지원에 지난해보다 12.3% 증가한 1,333억원을 투자해 기초·원천 R&D 우수성과의 활용과 확산을 촉진하고, 중소·중견기업의 추가 기술개발 지원을 통해 성과확산을 강화해 나가고 있다.

다른 한편으로는 사업화를 위한 기술개발을 본격 추진하고, 창의적인 아이디어만 있으면 사업화가 가능하도록 자금·정보·인력·기술·시설 등을 통합 지원하는 전국 17개 창조경제혁신센터를 설치하여 지원하고 있다. 혁신센터는 지역 일자리와 신산업 창출을 선도하는 지역혁신의 거점이자 창업허브로써 큰 역할을 할 것으로 기대된다.

우리시는 광주 R&D특구 기술사업화 허브와 협력교류 인프라 조성 일환으로 아이디어 창업촉진의 랜드마크가 될 '광주이노비즈센터'를 구축하고 있다. 1층에 종합상담센터·카페 등 만남과 휴식의 힐링센터를, 2층에는 다목적강당·회의실 등 교류협력 비즈니스의 장을, 3~10층까지는 아이디어 창출 비즈니스 공간인 업무시설 · 미팅룸 · 휴게홀 · 옥상정원 등을 갖추게 된다.

또한 태양광 등 신재생에너지를 적용시킨 최첨단 친환경 에코설계 공법을 도입하고, 유유히 흐르는 영산강과 멋스러운 병풍산을 조망할 수 있는 쾌적한 비즈니스 환경이 되도록 하고 있다.

'광주이노비즈센터'는 외국투자기업 및 해외기관을 비롯한, 국가·공공기관·기술금융기관, 기술사업화 서비스 전문기관, 기술수요·공급기관, 사업화 관련 단체, 창업기업 등 많은 기관들이 입주할 수 있다. 내년 1월중에는 이들 기관이 어려움없이 입주할 수 있도록 광주연구개발특구본부 등 관계기관과 상호 협력하여 차질없이 개관 준비해 가고 있다.

영산강에 떠 있는 돛단배를 형상화하여 설계된 '광주이노비즈센터'가 우리 광주지역 비즈니스에도 순풍을 불어 넣어 지역경제 활성화에 돛을 달고 시민과 더불어 기업성공의 비즈니스 메카로 자리매김 될 수 있기를 기대해 본다.

(20150903, 경제과학과장, 남도일보사 기보 )

# 16 / "광주연합기술지주회사"에 거는 기대

 미국과 일본 등 12개국이 참여한 환태평양경제동반자협정(TPP)에서 지난 11월 5일에 공개한 협정문이 한국경제를 긴장시키고 있다. TPP 회원국들은 30년에 걸쳐 모든 교역 품목의 95~100% 관세를 없애기로 합의했기 때문이다. 농산물뿐만 아니라 승용차, 기계, 전자 등 TPP가입 회원국들의 시장개방이 높은 수준으로 예상됨에 따라 TPP에 가입하지 않는 한국경제가 이번 협정으로 인하여 한·미 FTA 등으로 쌓은 경제적 실익을 잃어버릴 수 있다고 우려하고 있다.

 개방과 혁신이 요구되는 21세기에 수출위주의 산업구조를 가진 우리나라는 첨단산업의 육성을 뒷받침하고 있는 우수기술력을 통해 경쟁력을 확보해야 한다. 이러한 시점에서 우리나라는 슈타인바이스재단의 강력한 기술이전 전문가 네트워크를 통해 수출시장에서 흑자를 달성한 독일의 사례를 주목해야 한다.

슈타인바이스재단은 세계 15개국에 프랜차이즈 가맹점 형태의 슈타인바이스기업(Steinbeis Enterprise) 약 1,000개를 설립하고 50개국에 사업파트너를 두어 6,000명의 국내외 전문가 네트워크를 활용하여 기술이전의 토털서비스를 제공하고 있다. 특히 슈타인바이스대학(Stenbeis Univeristy Berlin) 설립하여 기술의 발굴, 이전, 교육 등 고객 맞춤형 학위과정을 운영하고 기술이전 기업을 통해 퇴직숙련공의 지식과 노하우를 세대 간에 전수하고 있다.

이처럼 독일사례의 성공비결은 기술거래의 단일창구를 설치하고 탄탄한 전문가 네트워크를 활용하여 글로벌 시장에서 고객의 니즈기술을 발굴하고 서비스하는 고객중심(Customer Driven)모델을 지향했기 때문이다.

우리나라도 최근 독일과 유사한 대 내·외적 환경에 처해 있다. TPP협정과 FTA협정 등 세계시장의 개방과 더불어 가깝게는 중국의 저가공세와 일본의 엔저효과 등의 영향으로 인하여 수출시장의 어려움을 겪고 있으며 전 세계적인 경기침체로 일자리 창출을 위한 대안이 요구되고 있다. 이러한 어려움을 극복할 수 있는 대안의 하나로 광주시는 우수기술력을 창업 으로 이끌어내는 기술사업화의 플랫폼 역할을 수행할 수 있는 '광주연합기술지주회사의 설립'을 추진 중에 있다.

'광주연합기술지주회사'는 우수 기술을 보유한 지역 대학과 출연기관을 비롯한 공공연구기관, 중소기업 등이 참여하고 이를 위해 광주시는 2016년부터 2018년까지 3년간 50억원을 투자하고, 국비 30억원을 확보할 계획이며 지역 대학 등에서도 50억원을 현금 또는 현물을 투자, 총 130억 규모로 추진할 계획이다. 또한 지난 7월 市와 전남대학교 및 조선대학교 컨소시엄을 구성하여 산업통상자원부가 주관하는 '2015년 기술지주회사 활성화 기반 구축' 공모사업에 선정되어 국비 3억원을 확보한 바 있다.

광주형 연합기술지주회사는 광주테크노파크에서 법인 설립과 운영을 총괄하게 되고, 광주지식재산센터는 특허기술 가치 평가를, 광주연구개발특구본부는 창업지원을, 산·학·연은 우수기술 및 노하우(Knowhow)를 제공하는 등 사실상 기술사업화의 거버넌스(Governance)체계를 구축하게 된다.

이러한 산·학·연이 보유한 우수기술을 기술지주회사에 출자해 독자적인 신규 회사 설립, 외부 기업과의 합작 또는 조인트벤처 설립, 기존기업의 지분인수 등의 방식으로 자회사를 설립하게 될 것이다. 또한, 산·학·연 기술사업화 전문가들로 인적 네트워크를 구성하고, 투자와 컨설팅, 마케팅 분야의 기능을 강화한 기술사업화의 토털서비스(Total Service)를 수행한다.

이와 같은 '광주연합기술지주회사'의 내실있는 운영으로 '26년까지는 신규 창업 130여개, 매출액 3400여억원, 고용 1700여명의 창출을 기대해 보면서 지역경제 활성화와 세계 개방시장 경쟁력 확보에 큰 힘이 되어주는 한국의 슈타인바이스 모델이 될 수 있도록 참여기관과 대학의 끊임없는 노력과 지원이 약속되어야 할 것이다.

(20151111. 경제과학과장. 전남매일신문사 기고)

# 17 / 성공DNA 깨우는 광주창조경제혁신센터

중국 동부지역의 한 농부가 대나무 씨앗을 심고서 기다린다. 첫해는 아무것도 올라오지 않는다. 두 번째 해에도 아무것도 보이지 않는다. 세 번째, 네 번째 해도 마찬가지다. 하지만 다섯 번째 해가 되었을 때 하루에 무려 30cm가 넘게 자라기 시작한다. 그렇게 6주 만에 15m이상 자라게 되고, 그 자리는 순식간에 빽빽하고 울창한 대나무 숲이 되었다.

'모소'라는 이름을 갖고 있는 이 대나무는 싹을 내기 전 4년 동안 땅속에서 수백㎡에 이르는 뿌리를 뻗치고 있었다. 그래서 일단 싹을 내면 뿌리에서 보내주는 거대한 양의 자양분 덕분에 키가 순식간에 성장한다는 것이다.

최근 우리지역에 대나무의 성장과 같은 성공스토리를 써내려가고 있는 곳이 있다. 바로 지난 1월 현대자동차그룹과 연계하여 출범한 '광주창조경제혁신센터'다.

혁신센터는 지역 인재의 유망한 아이디어를 창업 및 사업화로 실현하고, 대학·기업·연구기관 등 지역혁신기관의 교류와 협력을 촉진하기 위해 설립되었다. 출범부터 약 10개월 동안 '생활에서 미래산업까지 창조혁신의 중심'을 비전으로 삼고 자동차산업 창업생태계 조성과 서민생활 창조경제 플랫폼 구축 등 다양한 사업을 펼쳐 왔다.

 일부 언론 등으로부터 혁신센터의 성과창출이 더디다는 우려의 소리가 들린 적도 있다. 그러나 대나무가 일정기간 인고의 세월을 견디면서 보이지 않는 곳에서 굳건한 뿌리를 내려 급성장 하듯이, 혁신센터도 지역혁신의 거점이자 창업허브로써의 밑그림을 그리는 시간이 지나자 가시적인 성과가 나타나고 있다. 지역 내에 잠재한 성공DNA가 혁신센터와 연계되어 깨어나기 시작한 것이다.

 혁신센터는 자동차·문화예술 등의 분야에서 35개 벤처·스타트업을 선발하여 BI 입주를 비롯한 사업화 개발비, 멘토링, 시제품제작소 등을 지원하고 있다. 이들 스타트업 중 15개 기업이 매출 25억원, 국내외 투자유치 52억원, 신규채용 15명 등 적지 않은 성과를 만들어 내고 있다.

 특히, '코멤텍'은 세계 3번째로 연료전지분리막인 멤브레인 개발에 성공했으며, 유해가스 누출방지 밸브를 만드는 '쏠락'은 기술력을 인정받아 보육 3개월 만에 삼성전자 등 대기업에 납품하는 쾌거를 이뤄냈다. 우리의 이목을 끄는 보육업체 하나가 더 있다. 바로 눈부신 성장 가능성이 있는 '맥스트'라는 업체다. 이 업체가 세계 최초로 개발한 3D 증강현실을 이용한 자동차 설명서 앱은 북미에 수출되는 쏘나타를 시작으로 현대차 전 차종으로 확대 사용될 것으로 기대된다.

 꿈은 있지만 어떻게 실현할지 모르고 자금도 부족했던 이들이 어엿한 사업가로 자리 잡아 가는 모습은 감동 그 자체다.
 혁신센터는 현대자동차그룹이라는 든든한 지원군이 있다. 이 기업의 전문기술역량과 연계하여 친환경차 연관산업 육성을 위한 융합스테이션 구축과 중소기업 생산성 향상을 위한 스마트팩토리 지원에 박차를 가하고 있다. 특히 스마트팩토리 지원사업은 정부의 '제조업 혁신 3.0 전략'인 스마트공장 확장사업과 맥을 같이 한다. 올 상반기에 20개사가 수혜를 받아 연평균 10억원 규모의 재무개선효과가 나타날 것으로 기대된다. 하반기에도 추가로 20개사를 선정하여 지원 중에 있다.

혁신센터를 통한 성공DNA는 서민생활 현장에도 스며들고 있다. 지난 7월 완료된 대인시장 막둥이 한과 등 2개 시범점포 리모델링과 현재 진행 중인 1913송정역시장 육성 프로젝트는 낙후된 전통시장에 새로운 비즈니스 모델을 제시하고 있다. 또한 소상공인의 영업지원을 위해 개발된 '모바일 상점 앱'은 골목상권을 살리는 착한 앱으로써 그 역할을 톡톡히 하고 있다. 이 지역의 대표적인 달동네인 발산마을로 눈을 돌려보면, 주민주도형 마을특화사업이 한창이다. 문화와 예술의 옷을 입고 밝고 활력이 넘치는 공간으로 변신하고 있다.

이와 같은 다양한 사업이 고성과 창출로 이어지기 위해서 반드시 필요한 것이 있다. 그것은 바로 금융지원이다. 중소·벤처기업의 자금지원을 위해 올해 7월부터 시작하여 향후 5년 동안 886억원의 창조펀드를 조성·운용할 계획이다. 창업자금이 필요한 스타트업과 자금난을 겪는 중소기업, 소상공인 등에 큰 힘이 될 것으로 보인다.

광주창조경제혁신센터는 자동차산업에서 서민생활에 이르기까지 창조경제 실현을 위해 지난 10개월을 알차게 보내왔다. 지난 성과를 바탕으로 스타트업을 비롯한 지역특화산업, 중소기업, 서민생활 등에 내재된 성공DNA를 지속적으로 깨워간다면, 지역경제의 퀀텀점프(Quantum Jump)가 이루어질 것으로 확신한다. 그래서인지 우리 광주지역의 새로운 성장 모멘텀(Momentum)인 혁신센터의 향후 행보가 기대된다.

(20151126. 경제과학과장.무등일보)

# 18 / 변화 흐름속에 바래본 "생각디자이너"의 꿈

　우리는 누구나 똑같이 하루를 맞이하고 있다. 그러나 하루시작을 시작한 아침에 일어나면서 과연 우리들은 어떤 생각을 가지고 일어나는가. 참, 궁금하기도 하고 알고도 싶은 우리들의 삶이기도 한다.

　아침에 잠자리에서 눈을 떠보니 사랑하는 아내가 옆에 있고 오늘도 출근해서 일 할 수 있는 든든한 직장이 있고 나를 사랑해 주는 가족들이 있고 이렇게 건강하게 일어나서 "오늘은 내 인생에서 가장 멋진 날이야" 이렇게 하루를 희망으로 시작해 보자. 우리는 주어진 여건속에서 어떻게 생각하느냐에 따라 상황이 달라진다. 늘 우리들의 생각만 잘해도 순간순간을 행복한 시간들로 물들일 수 있을 것이다.

　소프트뱅크 손정의 前회장이 "우리 인생에 있어 진정한 행복이 무얼까"에 대해 설문해보았는데 "지금 내가 건강하게 살아가고 있다"는 사실자체만으로 가장 많이 행복을 느낀다고 답을 했다고 한다. 이처럼 우리들이 추구하는 진정한 행복은 어떻게 생각하느냐에 달려 있다는 것이다.

미국의 "행복경제학" 남가주대 교수인 "리처드 이스털린"은 "경제성장률이 높으면 오히려 행복이 줄어 든다"고 한다. 그러나 한국은 외국인 거주자들은 충분히 행복해 질 수 있는 잠재력 있는 나라라고 생각하고 있다. 또한, 행복지수를 높이려면 "요르그알레딩" 스위스 대사는 세계적으로 근무시간이 많은 한국이기에 느낌표(열정)보다 쉼표(휴식)가 필요하고 균형이 있어야 한다며 스위스처럼 직장인들에게 1년에 4주간 휴가를 주어 푹 쉬게도 하여 능률도 오르게 하고 긍정적인 기분으로 살 수 있게 환경도 조성해야 한다"라고 했다.

　또한 물질적 풍요로부터 느끼는 행복엔 한계가 있듯이 쉽게 찾을 수 있는 일자리나 사회안전망이 튼튼한 사회일수록 행복은 더 커진다고 한다. 영국 BBC다큐멘터리 "행복하게 만들기"프로그램을 위해 구성된 행복위원회에서 마련한 "행복헌장10계명"을 소개하고자 한다. 먼저, 주3회 정도 30분씩 운동하기, 좋았던 일을 떠올려 보기, 배우자나 친한 친구와 대화 나누기, 식물 가꾸기, TV시청을 반으로 줄이기, 환한 미소 짓기, 친구에게 전화하기, 유쾌하게 웃기, 자신에게 작은 선물하기, 누군가에 친절을 베풀기. 이렇게 2개월 정도 실천해 보았는데 순간 변화된 자신의 모습을 발견하고 놀랐다는 것이다.

　"행복한 사람은 스스로 행복을 창조하고 느끼는 사람이다"라고 로마 마르크스 아울레리우스가 말했듯이 결국 우리들이 추구하고 있는 행복은 누가 만들어 주는 것이 아니라, 내가 삶의 주인공이 되어서 "행복헌장" 을 지속적으로 실천하여 행복의 변화를 이끌어 내는 것이다. 우리 모두가 가치있는 삶을 통해 얻어지는 행복지수를 높여 살기 좋은 광주가 되는 것을 꿈꾸어 보자. 그리고 광주라는 따뜻하고 정이 많은 도시 삶속에서 "우리 모두가 더불어 사는 광주를 만드는데 새로움을 추구하는 미래발전 전략속에서 느끼는 진정한 행복은 무엇일까?" 라고 깊은 상상의 고민도 해 보자.

나의 총 40년 공직의 삶을 정리하고 새로운 제2의 인생 출발을 새로운 생각으로, 새로운 영역에서, 새로운 활동을 하고자 아직까지 세계에도 우리나라에도 없는 "행복공장CEO"와 "생각디자이너"라는 생뚱맞은 새로운 직업관을 꿈꾸며 나아가려 한다.

앞으로 이러한 활동을 통해서 "우리들이 살아가면서, 각자 다르게 생각하는 마음 가짐속에서, 우리와 늘 접하는 자연 환경속에서, 멈추지 않고 흐르는 시간속에서, 사람과 만남의 관계속에서, 주어진 평범한 일과속에서, 느끼지 못했던 것들을 발견하게 하고 진정한 행복과 기쁨을 만나고 느끼고 교감할 수 있도록 "생각디자이너" 로서의 역할을 다하고자 한다.

나로 인해 나를 만나고 관계된 사람들이 늘 기뻐하며 환하게 웃었으면 정말 좋겠다. 우리 인생 한번 가면 다시 오지 못하고 녹화도 않되는 생방송만 되는 인생을 살아가면서 좀 더 인간다운, 좀 더 사람 냄새나는 그런 따뜻한 세상을 만드는 데 작은 힘이 되어 보고자 한다. 날마다 보이지 않는 나의 작은 움직임의 영역속에서 우리 조직이, 우리 지역사회가 "행복바이러스" 영향권으로 인해 힘들고 어려운 세상속에서도 희망을 바라보며 환한 미소를 잃지 않는 모습들을 그리어 볼 때 마냥 설레기만 하다.

( 20151202. 경제과학과장. 전남매일 기고 )

# 19
## 샌프란시스코에서 느낀 "고수(高手)의 인생"

난, 금년을 마감하는 중요한 시점에 광주창조경제혁신센터 창업입주기업 CEO들과 지난주 샌프란시스코 실리콘밸리를 다녀왔다.

항상 느꼈던 사항이지만 국외여행을 떠나보면 세상은 참 넓구나라는 것과 이제껏 느끼고 보지 못했던 새로움도 많이 접하게 된다. 우리가 마음만 먹으면 가지 못할 곳이 없고 하지 못할 것이 없다는 것을 새삼 깨우치고 돌아온 좋은 기회였다.

이번에는 특히 광주창조경제혁신센터 입주한후 1년여만에 큰성과를 거양하고 있는 주요업체 CEO들과 실리콘밸리에 있는 애플, 현대벤처스, GSV Labs, 인텔 등 벤처생태계 견학과 성공혁신사례, KIC(한국이노비즈센터)와 협력방안을 모색하는 "실리콘밸리이음마당" 사업추진차 미국 샌프란시스코를 향해 7일간의 여정으로 떠났다.

미국UNITED항공기 10시간동안 운항하는 하늘공간 시간속에서 금년 한해를 마감하고 다가오는 2016년 새해를 맞이하는 좋은 시간을 갖게 되었고 그 시간은 많은 새로운 생각들을 하게 되었다.

특히, 비행기 지루함을 달래고자 특별히 한권 책을 준비했다. 한근태씨가 지은 "일생에 한번은 고수를 만나라"이다. 이 책속의 주인공인 고수의 인생처럼 지금까지 살아온 나의 인생과 나의 공직의 삶속에서 생각과 앞으로 새롭게 제2인생 40여년의 여유롭고 멋진 인생의 여정을 스크린 해 보았다.

샌프란시스코 비행기안에서 느껴본 나의 인생, 어떻게 멋스럽게 후회없는 인생을 살아 갈 것인가? 이런 질문속에서 고수로 사는 인생철학을 정리해 본다. 결론적으로 인생의 고수는 "자기관리가 철저하고 남들과는 완전히 다른 시각을 갖고 있으며, 남들이 하는 것을 절대 따라하지 않는다"는 철학을 가지고 있는 것을 알았다.

또한 고수는 스스로에게 만족하며 자기일이 좋아서 어쩔줄 몰라 한다. 어떤 일을 하느냐가 아니라 그일을 얼마나 비범(非凡)하게 하느냐이다. 그리고 진정한 고수는 혼자만 잘사는 사람이 아니라 자신이 가진 것을 주변과 나누며 자신의 부를 효과적으로 나누는 사람이라 한다. 연말이라 그런지 이런 고수의 철학이 더 멋져 보인다.

우리 공직자들은 각종 규정과 지침 법규안에서 행정을 수행하다 보면 늘 습관적으로 주어진 환경속에서 살아갈 수밖에 없지만 그러나 고수들은 새로운 시작을 잘하는 사람이다. "지금, 그럼에도 불구하고" 시작할 수 있는 사람들이다. 우리는 어떠한가 여러가지 여건을 고려하다가 시작도 못하는 경우가 얼마나 많이 있는가. "나중에 할거면 지금해야 하고 지금하지 않으면 나중도 없고 나중은 오지 않는다"는 것을 기억해야 할 것 같다.

호기심을 갖고 새로운 일에 도전하고 일을 통해 배워야 하고 평생학습을 해야 한다. 늘 머릿속에서 화학반응이 일어나야 할 것이다. 우리가 여행을 통해 많은 것을 보고 느끼듯이 많은 것을 보고 많이 만날수록 우리는 개방적인 사람으로 변해간다.

이러한 개방성을 높이기 위해 먼저 실력을 키워 자신감을 갖는 것이고 한자리에 머물기보다는 계속 도전과 전진을 해야 한다는 것이다.

돌궐제국을 부흥시켰던 "톤유쿠크" 명장 비문에 이렇게 적혀 있다고 한다. "성을 쌓고 사는 자는 망할 것이며 끊임없이 이동하는 자만이 살아 남을 것이다" 바로 이것은 성을 쌓고 한자리에 안주하기 보다는 길을 내면서 움직여야 세계 무대에서도 성공적으로 활약 할 수 있다는 것이다.

새로운 길을 내고 새로운 사람을 만나고 늘 배워가면서 우리광주가 가야할 미래의 차별화전략을 만들어 가야 하지 않을까요? 경영학자 "드러커"의 3가지질문 "나는 누구인가, 나는 어떻게 살기를 원하는가, 이를 위해 어떤 일을 해야 하는가? 라고 거기에 맞게 삶을 살려고 노력했던 것처럼 우리들도 이런 질문속에서 살아가는 것이 더불어 행복해지는 고수의 철학이 아닐까 생각한다.

( 20151225. 경제과학과장, 전남매일신문사 기고)

# 20 / 우리 인생
# 후회됨이 없이 멋스럽게

우리 모두는 한결같이 후회됨이 없는 행복한 나날의 삶을 원하고 있다. 그러나, 지금 주어진 주변 모든 상황들은 우리의 생각대로 계획한 대로 되어지게 하는 경우가 많지 않고, 바람대로 끝나 버린 경우도 비일비재(非一非再)하다.

지난해 광주소재 모대학에서 청년 대학생들에게 인생스토리와 변화마인드 코칭을 위한 강의를 부탁 받았는데, 그동안 한권의 책을 통해 우리들의 삶을 변화시킨 내용을 소재로 강의하라는 미션강의였다. 솔직하게 말하자면, 부끄럽지만 책을 자주 읽지 않은 나로선 크게 변화시켰던 책이 생각나지 않아, 이제라도 먼저 읽어보고 나를 감동시킨 그 내용을 중점적으로 강의안을 만들어 보고자 집근처 광천고속터미널내 대형서점을 찾았다.

그때 한 눈에 들어 온 책은 미국 하버드대생들을 글로벌 인재의 요람으로 만들었던 것과 관련된 중국계 미국인 쑤린이가 쓴 "어떻게 인생을 살 것인가?"이다. 이 신간도서를 선택하고 며칠동안 정독하며 공감부문을 잘 정리해서 주어진 미션과제를 수행하게 되었다.

내가 선택한 책 줄거리는 하버드대 정신의 영향을 이어 받아 독립적인 사고로 내가 누구인지를 들여다 보고 자아를 계발하고 어떠한 어려움이 다가 오더라도 이에 굴복하지 않고 자기자신을 통제하고 온 마음으로 노력을 다해서 자아를 완성해 나가려는 것이다.

때론, 도전에 직면했을 때 주도적 위치에 서서 성공을 이끌어 내고, 역경에 처했을 때 어떻게 상황을 반전시킬 것인가?. 또한 인간관계에서 자신의 매력지수를 높여 인맥관리를 잘하고 어떻게 하면 자신의 능력과 잠재력을 충분히 발휘하여 자랑스러운 성과들을 얻어 낼 수 있을 것인가? 에 대한 해답을 정리해 보았다.

지금 이시대 청년 대학생과 우리들 모두가 지녀야 할 새해에 다지는 마음이기도 하다. 하버드대 10대정신을 키워드형태로 간략히 정리해 보면, 먼저 치밀하고 겸손하고 온화한 좋은 성격은 자아실현에 중요한 요소이며, 성공을 부르는 자신감과 자절속에서도 변화를 이끌어 내고, 열정이 가득한 삶과 나만의 커뮤니티를 만들고 지금 바로 행동하려는 자세와 자제력을 키워 삶의 주도권을 되찾고 최선을 다하기 보다는 전력투구(全力投球)하라는 것이다.

최근 시 조직개편관련 인사에서 모든 이의 바람이자 화두가 되고 있는 일자리 창출 업무를 담당하는 과장으로 보직 발령을 받았다. 지난해 정독하며 읽었던 책내용중에 유난히 생각나는 글귀가 떠올랐다. "가을 걷이가 끝나면 가을 파종을 시작하듯 배우고, 배우고 또 배워라!" "지금 자면 꿈을 꿀 수 있지만, 공부를 하면 꿈을 이룰 수 있다." 이는 하버드대에서 지금까지 내려오고 있는 격언이기도 한다고 한다. 금년에 새롭게 맡은 업무 추진과정에서 되새기며 따라야 할 정신이자 행동전략이 되었으면 좋겠다.

민선6기 일자리 목표가 7만개이다. 이를 위해 일자리목표 공시제 도입으로 체계적 관리와 연도별 목표를 두고 추진하고 있는데 금년에도 자동차와 에너지밸리사업 등 주력산업과 취약계층 재정일자리 등에서 14,000개 일자리를 만들어 내야하는 부담속의 달성목표이자 의무이기도 하다.

이를 위해 일자리정책협의회 운영을 활성화시켜 나가고 빛가람혁신도시와 협력 네트워크를 강화하고 맞춤형 인력양성, 취업지원, 청년포럼, 고용여건 개선 등을 통해, 일하기 좋은 환경조성과 청년 체감형 일자리사업과 청년 창업가 발굴육성 및 체계적인 지원을 통해 청년일자리 확대에도 주력해 나가고자 다짐해 보았다.

우리 모두는 연초에 업무계획을 세우고 단계별 차별화 전략속에서 많은 성과를 거양해 내기도 한다. 더 나아가 우리의 삶도 행복을 만들어 누리면서 멋스럽게 살아가는 인생 성공스토리를 만들어 가는 것도 중요하다고 본다. "날마다 주어지는 똑같은 일상속에서 일의 노예가 되기 보다는 일을 지배하는 주인으로서 행복을 추구하는 삶도 멋지지 않을까?"라는 생각을 해본다.

내가 지금 어떻게 상황을 정리하고 어떤 관점으로 바라 보느냐에 따라 극명한 차이가 생기듯이 올 한해도 모두 한번 가면 다시 오지 못하는 인생살이 가운데 이왕이면 "오늘도 후회됨이 없이, 멋스럽게, 살아가도록 생각을 바꾸면, 모든 걸 해낼 수 있다"는 희망을 품었으면 한다.

우리의 몸은 우리가 생각한 대로 반응을 하듯이, 우리 모두가 추구하고 있는 행복은 온전히 마음먹기에 달려 있음을 확신해 본다.

앞으로 "어떤 인생을 살 것인가?" 는 우리들의 선택에 달려 있다라고 본다. 결국 어떤 목표를 선택하느냐에 따라 우리 인생도 광주시정도 달라 질 것이다. 연초이니 만큼 우리가 나아가야 할 방향을 잘 설정하고 목표를 세워야 할 것이다.

나만의 숨어 있는 끼와 잠재력을 최대한 발휘해서, 끊임없이 노력한다면, 분명 성과로 이어질 것이다. 우리 인생도 후회없는 멋진 인생이 될 것이라고 확신해 본다.

(20160111, 일자리정책과장, 광주매일신문 기고)

# 21 / 역량개발교육 퍼실리테이터(Facilitator) 활동을 꿈꾸며

들판이나 산기슭에는 벌써 매화, 개나리, 살구꽃 등 봄꽃들이 벌써 피어 새 봄을 알리고 있어 왠지 세상이 활기차고 사람들의 마음 부풀어 가는 것 같다. 이러한 봄이 시작되기 전 지난 3월에 전북 완주에 지방행정연수원 역량개발교육 퍼실리테이터 양성과정에 다녀왔다.

나로선 공직생활 38년차로 그동안 공직의 변화를 많이 경험하고 지금까지 지내왔지만 앞으로도 우리 공직자들의 새로운 변화를 맞이하게 되며 이에 걸 맞는 직무역량을 요구받고 있다 하겠다. 앞으로 예상되고 있는 역량교육(Development Center)이란 현업에서 수행하여야 하는 업무·역할과 유사한 모의과제(Simulation)상황을 제시하고 그 과제를 해결해가는 과정과 결과에서 드러난 행동 역량 수준에 대해 관찰자가 피드백을 제공함으로서 스스로 자신의 역량수준을 인식하고 향상시킬 수 있도록 해주는 교육프로그램이다.

또한 역량교육의 특징은 문제기반 학습이자 참여형 경험과 행동성찰 학습, 자기주도학습으로 이루어진다 하겠다. 여기서 말한 공무원들에게 요구되는 역량이란 무엇일까?

그것은 조직의 목표달성과 연계하여 높은 성과를 나타내는 사람의 공통된 특성으로서 지식, 기술, 가치관, 사고유형, 성격, 태도 등 다양한 요소를 가지고 관찰가능, 측정가능, 훈련 및 개발가능으로 행동으로 나타나고 있으며 조직의 높은 성과를 위해서 각 구성원에게 숨겨져 있는 역량을 조직이 의도하는 방향으로 행동을 통해 표현하고 강화하는 노력이 필요하겠다.

우리 공조직에서 필요한 역량은 다양하고 많다라고 본다. 예를들면 글로벌 마인드, 비전제시, 변화관리, 자기계발, 의사소통, 창의성, 문제해결, 업무주도성, 이해관계조정, 긍정마인드, 협상력 등 이라고 하겠다.

또한 지자체 직급별 역할과 역량의 변화를 보면 사고역량과 업무역량, 관계역량이나 사무관급만 살펴보면 정책집행자로서 주민지향적인 문제해결과 업무관리자로서 성과관리, 조직관리자로서 팀워크 지향, 이해관계조정자로서 협의조정 의사소통에 대한 것이 요구되고 있다고 하겠다. 민선자치시대 우리 5급 사무관의 역량모델이 개발되어 이렇게 교육과 직무역량 평가가 진행된다고 한다.

첫째, 주민지향으로서 지역현장의 특수한 상황과 여건, 지역주민 각 계층의 이해관계와 요구사항을 정확히 파악하여 대응하며 현장방문 및 주민과의 협력을 통해 지역현안을 해결하는 것이다. 둘째, 문제해결로서 다양한 정보의 분석을 통해 문제핵심을 파악하고 근본적이고 체계적인 해결방안을 제시하는 것이다. 셋째, 성과관리로 조직의 목표공유를 통해 방향성을 제시하고 정책의 성과목표 달성을 지원하여 지속적으로 성과를 관리하고 창출해 나가는 것이다. 넷째, 팀워크지향으로 담당 조직구성원들의 원활한 업무수행과 조직적응을 위해 피드백을 제공하고 협력적인 업무분위기를 조성하는 것이다.

다섯째, 협의조정으로 조직 내외부 이해관계자들의 입장차이를 이해하고 합리적이고 수용가능한 조정안을 제시하는 것이다. 여섯째, 의사소통으로 상대방이 전달하고자 하는 내용을 명확하게 파악하고 자신의 의견을 논리적이고 효과적으로 전달하는 것이다.

시대의 변화흐름에 따라 우리 공직사회가 이처럼 다양하고 많은 역량을 요구받고 있는 이 시점에서 이러한 조직환경을 유도하고 정확하게 평가받을 수 있는 조직문화를 구축 하는데 퍼실리테이터의 역할과 기능이 매우 중요하다고 보겠다.

결론적으로 퍼실리테이터는 학습자들이 보유하고 있는 지식과 역량을 기반으로 스스로 답을 찾아가도록 도와주는 역할인 것이다. 이러한 기능과 역할을 다하기 위해 집단토론, 구두발표, 역할수행, 서류함기법의 과제 피드백 실습을 통해 과정전체 운영을 진행하면서 중립자의 위치에서 참여를 촉진하고 올바른 문제해결의 방향을 제시하는 스킬도 부단한 노력을 통해 배양해야 할 것이다.

금년 하반기에 퍼실리테이터 심화과정을 잘 마무리해서 2017년부터 본격적인 활동을 꿈꾸면서 상상력과 창의력이 요구되고 있는 창조경제시대, 정부3.0시대의 변화의 흐름에 걸맞게 새로운 직업군을 탄생을 기대하면서 오늘도 시정발전을 위해 변함없이 묵묵히 근무하고 있는 동료공직자들의 응원을 받으면서 역량개발교육 퍼실리테이터의 멋진 활동을 준비해 나가고 있어 이 새봄 들녘에 나물 캐는 아낙네들 마음처럼 설레고 가슴벅차 있어 그러한지 참 행복하기만 하다.

(20160329. 일자리정책과장. 광주매일 기고)

# 22 / START UP
## 창업도시 광주 선언

　우리광주는 금년에 청년창업 등 청년일자리 창출에 올인하고자 22개 시책사업에 212억을 투입하여 많은 일자리를 만들어 내고자 고군분투하고 있다. 그런데 세상은 예측이 어려울 정도로 급변해 가고 있는 것 같다. 지난3월에 구글이 인수한 영국 스타트업 딥마인드의 알파고와 이세돌 9단과의 세기의 대국으로, 테크시티를 포함한 창업생태계를 조성한 영국 정부의 인프라 구축 노력에 대한 관심이 집중되고 있다. 영국은 중앙정부는 물론 런던시에서도 민관합동 파트너십 체결을 통해 창업에 주도적 역할을 하고 있다.

　또한, 스타트업들의 초기단계에서 가장 중요한 창업공간 지원에서부터 투자가 연계까지 산업 분야별로 생태계를 조성해 산업에 창의를 더해가는 영국 산업생태계를 주목할 필요가 있다. 전 세계적으로 경제상황이 어려워지고, 우리나라 대기업도 고용없는 성장이 지속되면서 더 이상 청년들의 일자리를 대기업에만 의존할 수 없게 되었다.

미국 등 세계 여러 선진 국가들도 정부 차원에서 창업을 적극 장려하고 있고 특히, 중국은 세제혜택 등을 통해 창업을 적극 장려하고 있어 일일 평균 1만개 이상의 기업이 설립되는 등 창업을 통해 일자리를 만드는 일에 올인하고 있다.

우리시도 금년 1월 청년창업 활성화를 위해 서울의 청년창업 지원기관(TIPS TOWN 등)을 방문, 청년창업기업 자금조달, 투자유치를 위한 업무 협력, 청년창업 지원사업에 대한 협력모델 발굴, 공동프로그램 운영방안 등을 협력하기로 협약도 체결하였다.

이러한 관심이 일회성으로 끝나지 않고 청년창업 지원역량을 강화하고자 지역내 창업지원 네트워크를 구성 "청년창업도시, 광주" 전략을 마련하기 위해 지난 2월 청년창업지원협의회를 발족하였고 이를 통해, 창업지원기관 간 성장단계별로 지원받을 수 있는 지역의 연계 지원시스템을 구축하여 지역청년의 기술창업 확대와 창업 지원역량을 강화해 나가고 있다.

우리시는 2010년부터 좋은 아이디어와 기업가적 마인드를 가진 지역의 청년들에게 창업기회를 제공하기 위해 "청년 예비창업가 발굴·육성사업"을 추진해오고 있다.

올해는 순수 시비 20억 규모의 예산을 편성하여 70개의 예비창업가에게 1인당 최대 3천만원까지 창업자금을 지원하고 창업교육 및 컨설팅을 지원하여 창업할 수 있도록 지원하고 있으며, 특히 올해부터 기술창업을 통한 벤처기업 육성의 중요성을 인식하고 기술창업 지원도 확대하였다.

하지만, 막연한 기대와 철저한 사전 준비없이 창업을 하면 실패할 확률이 크므로 아이디어의 사업화 방안, 판로확보 등의 마케팅 전략에 대한 체계적인 교육, 컨설팅 등이 뒷받침 되어야만 창업을 위한 준비가 되었다고 볼 수 있다.

또한, 관주도가 아닌 기업가정신을 갖은 청년창업가들에 의해 창업이 활성화되어야 하는데 올해부터 매월 광주청년포럼을 운영해 "청년창업 붐" 조성 및 현장 애로사항을 수렴하여 정책에 반영하는 등 청년창업의 선순환 구조를 정착시켜 나가고 있다.

그리고, 올해 7월에 동명동에 있는 지식산업센터 내에 청년창업지원센터를 구축하여 네트워킹, 사업지원 등 창업을 희망하는 젊은이들을 원스톱으로 지원하고, 청년 창업공간, 청년카페, 테크샵(시제품 제작) 등을 집적화하여 청년들의 창업기반을 마련할 것이다. 또한, 청년 창업가가 창업 초기에 자금난을 겪지 않고 자신의 꿈을 온전히 펼칠 수 있도록 '청년창업 특례보증제도'를 새로 도입해 지원하고 있다.

우리시는 청년이 마음껏 창업의 나래를 펼칠 수 있도록 창업생태계를 조성하여 창의적인 아이디어와 도전정신을 갖고 있는 지역의 청년 창업지원자들에게 큰 힘이 되고자 한다. '청년이 창업하기 좋은 도시, 그리고 창업에 성공할 수 있도록 지원을 구체화하겠다'는 의미를 담아 5월 21일 시민의 날 광주시청 로비에서 창업도시 선포식을 개최할 계획인데, 이번 선언은 '청년창업 아이디어 경진대회'와 동시 진행하여 시너지효과를 높이려 한다.

"창업도시광주" 선언을 통해 광주가 창업도시로 자리매김하고, 지역의 미래를 짊어지고 나갈 젊은이들에게 광주에서 가능성과 희망을 심어 주고자 한다.

(20160519, 일자리정책과장. 전남매일 기고)

# 23 / 1913송정역시장 창업 성공스토리

요즘 우리광주에 새로 등장한 핫 플레이스 "1913 송정역시장!" 이곳은 옛날 전통과 현대가 융합된 새로운 청년시장으로 재탄생되었다. 창조경제혁신센터 우리시와 중기청이 함께한 협업 모델사업이기도 하다.

재개장 3주만에 전년동기 대비 하루 방문객 200명에서 4천300여명, 매출 증가 3배라는 수치가 보여주듯 죽어가던 103년 전통시장을 추억 속의 힐링과 스토리가 가득한 창조적 혁신 테마파크로 변신시켜 가고 있는 성공사례라고 한다면 너무나 섣부른 판단일까?

청년 실업률 10%대가 당연시되고 3포, 5포, 7포, N포세대 등 실패와 좌절의 고용절벽에 막혀 있는 현대 청년세대에게 우리 기성세대는 청년들에게 틀에 얽매이지 않고 참신한 새로운 아이디어, 변화를 두려워하지 않는 열정과 패기, 도전정신을 통한 혁신적 창업을 기대하지만, 정작 청년창업에 필요한 경험과 인맥의 부족, 초기 투자유치 어려움 등 성공 창업을 이루기에 현실적인 벽이 너무 높기만 하다.

이러한 현실에서 광주창조경제혁신센터가 전통시장 창조경제화 사업 프로젝트로 추진중인 '1913 송정역시장'은 기존 시장상인들의 도전정신과 톡톡 튀는 아이템을 가진 17개 열정 청년상인들의 '밝은 에너지', 나아가 정부지원, ICT와 문화 등을 결합하여 시너지가 발휘되고 있는 상생협력의 성공스토리를 만들고 있는 현장이라고 생각된다.

정부와 지자체는 이미 지난 2015년부터 다양한 청년고용정책들을 집중적으로 발표·시행함으로써 청년들에게 희망을 북돋으려는 많은 시도들을 지속하고 있다. 우리 시도 2016년 12개의 신규사업을 포함하여 총 22개 청년일자리 사업에 총 212억여원을 투입 2,100여명의 일자리 창출을 목표로 시정역량을 집중하고 있으며, 특히 청년창업을 청년실업 해소의 돌파구로 판단하고 체계적인 지원을 위해 지역 창업유관기관간 협업네트워크를 구축하였고,

금년 7월 개소할 동구 동명동 '광주지식산업센터'를 "I-PLEX광주"라는 이름으로 확정하고 청년창업의 허브로 조성중이며, 청년창업가의 초기자금 조달을 위해 200억원 규모의 '창업특례보증'을 시행하고, '청년 예비창업가 발굴 육성사업'을 통해 70여개의 청년창업기업 양성에 심혈을 기울이고 있다.

물론 중장기적으로 양질의 좋은 일자리는 민간분야의 역할이 지대하기에 기아차 중심의 자동차산업, 혁신도시 한국전력 중심의 에너지산업 그리고 아시아문화전당 개관과 문화도시로서의 강점을 살린 문화콘텐츠산업을 집중 육성하고, 국내외의 유망기업 유치 및 강소기업 육성에도 한치 소홀함이 없도록 공직자와 온 시민이 혼연일체가 되어 움직이고 있다.

더불어 근로자는 임금을 양보하고, 기업은 투자를 확대하는 노사민정 상생협력의 '광주형 일자리 모델' 역시 결국은 청년일자리 창출을 통해 시민이 다함께 경제적으로 넉넉하고 시민으로서 당당한 광주공동체를 만들어가기 위한 민선6기 우리시의 강력한 의지의 표현이라고 볼 수 있을 것이다.

다만, 청년고용 문제는 정부와 지자체, 기업과 근로자 그리고 사회 구성원 모두가 지혜를 모아 해결책을 찾고 있음에도 뚜렷한 대안을 찾지 못하고 있음도 주지의 사실이다.

우리 광주의 미래세대 청년들이 지역을 떠나지 않고 맘껏 자신의 꿈과 이상을 펼칠 수 있도록 양질의 청년일자리를 많이 만드는 것이야말로 기성세대의 막중한 사명이다. 현 청년세대의 어려움은 결코 청년들에게만 국한될 수 없으며, 기성세대가 함께 고민하고 대책을 강구해야 할 것이다.

무엇보다 청년 스스로 실패와 좌절에 매몰되지 않고 성공의 경험이 축적될 때 청년세대의 도전정신, 참신한 아이디어, 패기와 열정이 사그러들지 않고 청년다움을 발휘할 수 있을 것이다.

"1913 송정역시장"의 성공스토리가 작은 불씨가 되어 지역 청년들의 성공에 대한 열망을 자극하여 큰 성공의 불꽃이 되기를 기대해 본다. 시와 기성세대는 송정역시장의 기존상인들처럼 청년들의 아이디어와 열정을 후원하고 용기를 북돋워 줄때 청년이 북적이는 역동적인 광주가 될 것이라 믿는다.

(20160525. 일자리정책과장, 광주매일신문사 기고)

# 24 / 이제 새로운 땅에 새 그림을

 "남다른 개성을 지녀야 독보적인 자아(自我)를 만들 수 있다". 우리는 남다른 사람이 되고 싶다면 잊지 말아야 할 것이 있다. "남다른 생각을 가지고 다른 행동을 하는 사람은 성공을 이루기까지 많은 의혹에 시달린다는 점이다. 그러나 타인의 의혹과 비웃음에 의기소침하거나 자신을 의심해서는 안된다고 학자들은 얘기하고 있다.

 모든 사람들은 태어날 때 타고난 소질과 기술을 개발해서 평생 직업을 얻거나 또한 자자손손 선대부터 내려오는 선친(先親)기술을 이어받아 장인정신으로 代물림하기도 하고 학교졸업후 사회인으로서 첫출발하게 되는 등 다양한 형태와 방법으로 직업을 얻게 된다.

 그러나 나 자신은 그렇게 많은 직업가운데 1977년에 자랑스런 대한민국 공무원이 되었다. 그 이후 11년차에 장흥군에서 광주시로 전입오면서 2개급(7급에서9급)강등해서 동사무소와 구청을 거쳐 시청에 근무하며 서기관까지 승진해서 무려 총 39년간 공직생활을 무사히 마칠수 있어 나에 대해 진정한 칭찬을 해 주고 싶다.

"건강하게 그리고 멋지게 후회됨이 없이 살아 주어서 참 고맙다"라고. 김정대(金正大)라는 나의 이름속에 公明正大라는 의미가 있었기에 공무원이 되었다고 할까요 그래서 40년이 되는 해 공직생활을 대과(大過)없이 잘 마무리할 것 같다.

 멈추지 않고 흐르는 시간은 참 빠른 것 같다. 이런 시간흐름속에 이제 난 자연인으로, 한 시민으로 돌아가야만 한다. 그동안 광주시청에 공무를 수행하면서 많은 생각들 속에서 일했고 때론 번뜩이는 기발한 아이디어 발굴에도 소홀하지 않았다. 이런 활동결과 시정기여 공로로 5급 사무관과 4급 서기관까지 특진하는 영광으로 우리조직에 개인적인 새로운 역사도 창조했다.

 그때 그때마다 떠오르는 나만의 생각이 얼마나 값지고 소중한지를 새삼 느끼곤 했다. 공직자대상으로 15년동안 간헐적인 지식공유활동을 통해 많은 사람들을 만났고 "창조적인 생각키우기" 창의력개발 활동을 묵묵히 다해 왔었다. 이제 변화가 심한 세상 파고속에서 또 다른 멋진생각을 가지고 새로운 사람들을 만나면서 새로운 영역의 세상속에서 더불어 행복하게 살아가는 프로젝트도 만들어 가고자 한다.

 우리인생은 관계성속에서 살아가듯이 이제 내가 그동안 꿈꾸어 왔던 "행복공장CEO"(HappyFactoryCEO)가 되는 것이다. 그리고 건축디자이너, 패션디자인, 헤어디자이너등 각종 분야에 디자이너가 있듯이 우리들의 뇌속의 많은 생각들을 멋스럽게 디자인하는 "생각디자이너"(ThinkingDesigner)로서 활동도 하고자 한다.

 그리고 우리 공직사회에 머지않아 새로운 변화 트렌드에 맞추어 직무능력 개발과 평가영역을 일부 담당하는 "퍼실리테이터"(Facilitator)로서 젊음 청년을 대상으로 창조마인드 코칭을 위해 "대학교수"(College Professor)로서, 기타 훈련기관을 찾아서 멋진 새로운 생각을 키워 주는 "소양&창의력 강사"

로서 활동하고자 새 땅위에 새롭게 새 그림을 그리어 나갈 것이다.

지금까지 나의 생각들을 멋스럽게 디자인해서 세상속에서 멋진 사람들과 공유하고자 한다. 앞으로 새롭게 만나 함께 해줄 사람들을 생각하니 마냥 설레기만 한다. 우리 광주시정도 민선6기 2년성과 발표와 향후 2년계획을 세웠다.

앞으로 나아가야 할 방향의 새 땅위에 차별화된 멋진생각으로, 새롭게 멋지게 그려보자, 시민행복을 위해서...

(2016.0511. 일자리정책과장, 신문기고)

# 25 / 사회적경제박람회 광주에서 개최하면서

'사회적기업의 날 행사와 사회적 경제 박람회'가 "사회적기업 내일을 비추다"라는 슬로건으로 김대중컨벤션센터에서 오는 7월 1일부터 3일까지 사회적 경제 기업 134개가 참여한 가운데 진행된다.

사회적 경제는 19세기 말 산업 혁명 이후 자본주의 시장경제에 대한 비판에서 출발하였다. 학자들은 시장경제나 공공경제와는 다른 제3 섹터의 경제영역으로 설명하고 있다. 추구하는 목적 또한 기업이 추구하는 이윤보다는 사회적 가치의 실현에 바탕을 두고 생산, 교환, 분내, 소지가 이루어지는 사회적 경제 활동에 중점을 두고 있다.

대표적인 사회적 경제 조직의 형태로는 사회적기업, 마을기업, 협동조합을 들 수 있으며, 전국에 12,600여개가 있다. 광주시는 750여개의 사회적 경제

기업이 지역경제 공동체 활성화를 위한 경제 활동을 하고 있으며, 이는 연구 대비 전국에서 가장 많은 수치이다. 이러한 사회적경제기업은 노령인구증가, 핵가족화, 여성의 사회참여 증가와 함께 성장하게 되었다. 또한 사적 영역에서만 머물던 육아, 노인 간병 등과 같은 보호적 사회 서비스의 증가로 인하여 이들 기업들의 역할과 중요성이 증대되고 있다.

 2007년 사회적기업육성법 제정으로 법령에서 규정하고 있는 사회적기업형태는 대략 6개 정도로 규정하고있다. 이들 기업은 일정한 비율의 취약계층을 의무적으로 고용함으로써 취약 계층의 일자리 창출을 목표로 하고 있다. 광주 지역 사회적기업은 170여개로 부족한 사회서비스의 제공과 더불어 사회적 불평등 및 갈등 해소라는 사회적 가치의 실현과 경제적 이윤을 실현하면서 광주경제공동체의 새로운 길을 열어 가고 있다.

 광주시에는 도·소매 유통업, 제조·상공인, 문화예술분야, 교육 및 환경·사회복지분야 등에서 광주지역 경제공동체와 함께하고 있는 540여개의 협동조합이 있다. 마지막으로 마을단위의 52개 마을기업이 있다. 마을기업은 지역주민이 각종 지역자원을 활용한 수익사업을 통해 공동의 지역문제를 해결하는 것이 첫 번째 목표이다. 또한 소득 및 일자리를 창출하여 지역공동체 이익을 효과적으로 실현하기 위해 설립하여 운영되고 있다.

 이번에 개최되는 사회적 경제 박람회는 광주 지역의 사회적 경제 기업은 물론 전국의 사회적 경제 기업 134개 기업들이 참여하고 177개 부스가 설치되어 한마당 행사를 이룬다. 박람회를 통하여 사회적 경제에 대한 이해와 폭을 넓히고 사회적기업들의 제품 판매 촉진과 관로 개척 지원을 통하여 자생력 강화 증진차원에서 개최된다. 또한 사회적경제 기업 간 네트워크를 구축하여 연대와 협력을 통해 자립기반을 형성할 수 있는 생태계를 마련해 주는 것이다. 단순히 박람회만 개최하는 행사는 더더구나 아니다. 시민과 함께할 수 있는 부대행사들도 풍성하게 마련되어 있다.

사회적기업 주간행사에서는 사회적기업 국제포럼을 비롯하여 문화예술 페스티벌, 경기대회 등 시민들이 직접 참여하고 체험할 수 있는 프로그램들이 많이 있다. 박람회 부대행사로는 사회적경제 기업제품들을 한눈에 볼 수 있는 우수상품관과 정책 홍보관, 광주 문화예술 사회적 기업들의 문화공연, 자유학기제 중인 중학생 및 청소년 수련관 동아리 팀 공연도 개최 된다. 박람회 장내 책, 의류, 장난감 생활용품 등을 판매 및 기부하는 플리마켓도 설치하여 운영된다.

공동체 경제 운동은 라틴아메리카 사회운동과 빈민촌연구에서 비롯되었다고 한다. 브라질의 바리오운동(Barrio Movement)은 "지역경제공동체 구성원들 간의 호혜적 관계에 바탕을 둔 수익이 아니라 협력을 만들어내는 것"이 목표였다.

결국 우리 인간과 사회는 행복이라는 궁극적인 목표를 찾아서 가고 있기 때문에 경제활동의 목표는 우리가 살고 있는 삶터를 보다 안전하고 행복하게 개선해나가는 것이어야 한다. 기업의 목표는 기업 활동에 참여하는 사람들과 지역사회의 건강한 성장이라는 새롭고도 상식적인 가치를 구현해야 한다. 이번에 광주시에서 개최되는 사회적경제 박람회가 더불어 살아가는 경제공동체의 밑거름이 되고 초석을 다지는 의미 있는 행사로 거듭나기를 기대한다.

(2016.0629. 일자리정책과장, 무등일보 기고)

# 무등일보

## 사회적경제박람회 광주에서 개최하면서

**■ 기고**

김정대
광주시 일자리정책과장

2016년 06월 29일 (수)
19면 오피니언

'사회적기업의 날 행사와 사회적경제 박람회'가 "사회적기업 내일을 비추다"라는 슬로건으로 김대중컨벤션센터에서 오는 7월 1일부터 3일까지 사회적경제기업 134개가 참여한 가운데 진행된다.

사회적경제는 19세기말 산업혁명이후 자본주의 시장경제에 대한 비판에서 출발하였다. 학자들은 시장경제나 공공경제와 다른 제3섹터의 경제영역으로 설명하고 있다. 추구하는 목적 또한 기업이 추구하는 이윤보다는 사회적가치의 실현에 바탕을 두고 생산, 교환, 분배, 소비가 이루어지는 사회적경제 활동에 중점을 두고 있다.

대표적인 사회적경제조직의 형태로는 사회적기업, 마을기업, 협동조합 등을 들 수 있으며, 전국에 12,600여개가 있다. 광주시는 750여개의 사회적경제기업이 지역경제 공동체 활성화를 위한 경제활동을 하고 있으며, 이는 인구대비 전국에서 가장 많은 수치이다. 이러한 사회적경제기업은 노령인구 증가, 핵가족화, 여성의 사회참여 증가와 함께 성장하게 되었다. 또한 사적 영역에서만 머물던 육아, 노인 간병 등과 같은 보호적 사회 서비스의 증가로 인하여 이들 기업들의 역할과 중요성이 증대되고 있다.

2007년 사회적기업육성법 제정으로 법률에서 규정하고 있는 사회적기업형태는 대략 6개 정도로 규정하고 있다. 이들 기업은 일정한 비율의 취약계층을 의무적으로 고용함으로써 취약계층의 일자리 창출을 목표로 하고 있다. 광주시의 사회적기업은 170여개로 부족한 사회서비스의 제공과 더불어 사회적 불평등 및 갈등 해소라는 사회적 가치의 실현과 경제적 이윤을 실현하면서 광주경제공동체의 새로운 길을 열어 가고 있다.

광주시에는 도·소매 유통업, 제조·상공인, 문화예술분야, 교육 및 환경·사회복지분야 등에서 광주지역 경제공동체와 함께하고 있는 협동조합이 있다. 마지막으로 마을단위의 52개 마을기업이 있다. 마을기업은 지역주민이 각종 지역자원을 활용한 수익사업을 통해 공동의 지역문제를 해결하는 것이 첫 번째 목표이다. 또한 소득 및 일자리를 창출하여 지역공동체 이익을 효과적으로 실현하기 위해 설립되어 운영되고 있다.

이번에 개최되는 사회적경제 박람회는 광주지역의 사회적경제 기업은 물론 전국의 사회적경제 기업 134개 기업들이 참여하고 177개 부스가 설치되어 한마당 행사를 이룬다. 박람회를 통하여 사회적경제에 대한 이해의 폭을 넓히고 사회적기업들의 제품 판매 촉진과 판로개척 지원을 통하여 자생력 강화 증진차원에서 개최된다. 또한 사회적경제 기업간 네트워크를 구축하여 연대와 협력을 통해 자립기반을 형성할 수 있는 생태계를 마련해 주는 것이다. 단순히 박람회만 개최하는 행사는 더더구나 아니다. 시민과 함께할 수 있는 부대행사들도 풍성하게 마련되어 있다.

사회적기업 주간행사에서는 사회적기업 국제포럼을 비롯하여 문화예술 페스티벌, 경기대회 등 시민들이 직접 참여하고 체험할 수 있는 프로그램들이 많이 있다. 박람회 부대행사로는 사회적경제 기업제품을 한눈에 볼 수 있는 우수상품관과 정책홍보관, 광주 문화예술 사회적기업들의 문화공연, 자유학기제 중인 중학생 및 청소년 수련관 동아리팀 공연도 개최 된다. 박람회장내 책, 의류, 장난감, 생활용품 등을 판매 및 기부하는 플리마켓도 설치하여 운영된다.

공동체 경제운동은 라틴아메리카 사회운동과 빈민촌연구에서 비롯되었다고 한다. 브라질의 바리오운동(Barrio Movement)은 "지역경제공동체 구성원들 간의 호혜적 관계에 바탕을 둔 수익이 아니라 협력을 만들어 내는 것"이의 목표였다.

결국 우리 인간과 사회는 행복이라는 궁극적인 목표를 찾아가고 있기 때문에 경제활동의 목표는 우리가 살고 있는 삶터를 보다 안전하고 행복하게 개선해나가는 것이어야 한다. 기업의 목표는 기업활동에 참여하는 사람들과 지역사회의 건강한 성장이라는 새롭고도 상식적인 가치를 구현해야 한다. 이번에 광주시에서 개최되는 사회적경제 박람회가 더불어 살아가는 경제공동체의 밑거름이 되고 초석을 다지는 의미 있는 행사로 거듭나기를 기대한다.

23.4 X 17.6 cm

# PART 03

지난세월
아름다운 추억을 그리다.

Time중반부

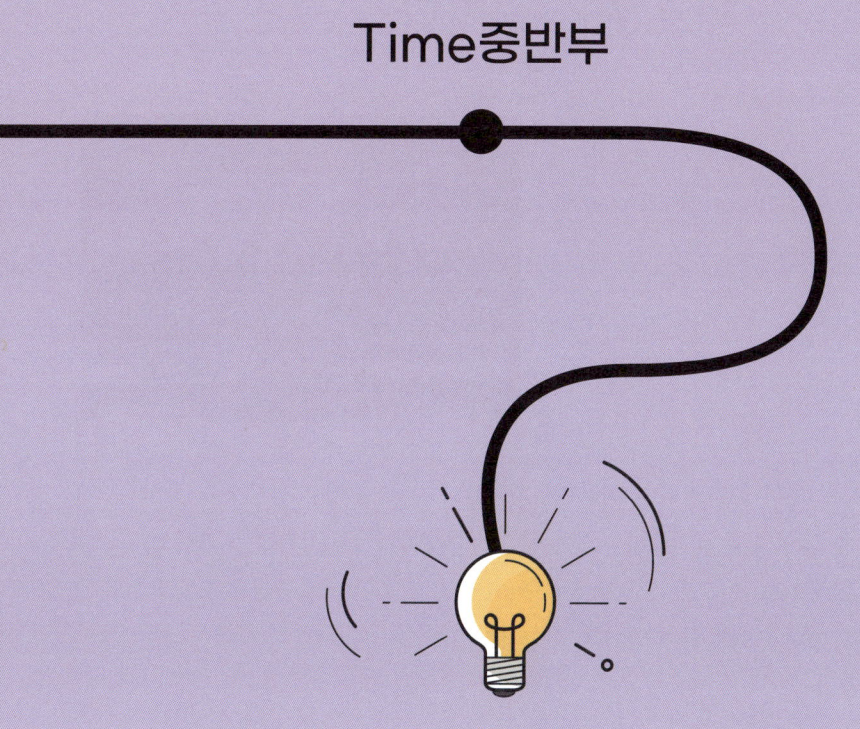

# 인생은 지금부터,
새로운 곳을 찾아
다양한 프리랜서로 활동하다

## Part 3. Time 중반부
인생은 지금부터, 새로운 곳을 찾아 다양한 프리랜서로 활동하다.

# 01 / 대학교수로 새로운 길을 가다.

　2016년 9월1일부터 공로연수가 시작되던 해부터 호남대학교 창의융합대학 교양학부 겸임교수로 강단에 "자기개발과진로" 라는 강의과목으로 교수활동이 시작되었다. 공직에서 졸업후 2017년 9월 1일부터는 초빙교수로 호남대학교 교직원이 되어서,

　매년 대학생들에게 지식을 전달하고 경험과 사례들을 함께 공유하면서 대학 4년의 캠퍼스생활중에 자기자신이 누구인가를 먼저 알아가고 자기개발을 통해 진로방향을 설정하는데 도움을 주는 정말 중요한 대학의 포지션이 되어 버렸다.

　매년 나의 수업을 듣는 학생은 2개반(과목)으로 한학기에 최고 120명 정도 수강하고 있는데 호남대학에서 가장 수강생이 많아 나름 자부심을 가지고 강단에서 열정을 불사르고 있다. 나의 강의 목표는 호남대학 핵심역량 모델인

"인간미가 있는 교양인, 미래지향적인 전문인, 개방적인 주체인" 인재양성하는 데 주도적인 교양과목으로 제4차산업혁명시대 등 다가오는 미래변화에 대응한 경쟁력을 키우고 대학 생활 후 시대 등 다가오는 미래변화에 대응한 경쟁력을 키우고 대학생활후 취업/창업 등 진로결정에 도움이 되도록 자기이해, 강점개발, 문제해결능력, 의사소통능력, 대인관계능력 등을 배양하는데 주력하고 있다.

자기개발과진로 총 15주 강의안의 주요내용을 소개하자면 제1강은 수업 진행방향을 소개하고, 제2강은 미래변화 트랜드에 대해 스크린하고 제3강은 새로운 생각키우기 기법에 대해, 제4강은 "나는 누구인가? 에 대해 정체성 발견할 수 있도록 과제를 부여하고, 제5강은 하버드대학 인생 성공노하우1에 대해, 제6강은 하버드대학 인생 성공노하우2에 대해,

제7강은 자기이해와 강점찾기로 자기개발 동기를 부여하고, 제8강은 기획보고서 작성기법과, 제9강은 창의적인 아이디어 발굴기법과 사례에 대해 소개로 좋은 아이템 개발에 도움되도록 하고, 제10강은 대인관계능력과 제11강은 문제해결능력 개발과 제12강은 의사소통과 이미지메이킹에 대해 강의와 제13강은 제4차산업혁명시대 등 미래변화속에 위기직업과 신규직업군에 대해 살펴보고, 제14강은 미래직업의 변화와 전망과 제15강은 진로탐색과 진로설계로 마무리 한다.

강의는 미래 변화에 대응할 수 있는 다양한 지식을 함양하도록 별도로 강의안을 제작하여 수업을 진행하며 되도록이면 수업시간에는 열린 마음으로 편안한 분위기속에서 학생들이 수업에 집중하도록 노력하고 있다.

특히, 대학생활 중에 "나는 누구인가(Who am I)"에 과제를 부여하여 "과거의 나, 현재의 나, 미래의 나"에 대해 구분하여 작성토록 하여 그동안 살아온 배경 속에서 자신의 강점과 약점을 발견하고 자기개발을 통해 진로 방향을 정하는데 도움이 되도록 한다. 다시 말해 "인생설계서"를 그리도록 하여 미래변화 흐름 속에 꿈꾸는 직업군을 향해 준비하며 개발하는 계기를 조성하고 있다.

# 02
## 새로운 생각을 전하는 강사로 활동하다.

　그동안 나의 대외적인 강사활동은 공직생활중인 2002년부터 시작되었다. 지금까지 19년 동안 강의를 진행하여 오면서 숨어 있었던 많은 비하인드 스토리가 있다. 강의 준비하는 과정에서 강의하는 도중에서 생겼던 숨은 이야기 보따리를 풀어 보고자 한다.

　전남에서 출발한 공직생활을 광주지역으로 전입오면서 2개급 강등하여 동사무소에서 근무하기를 시작하면서 광주지역 공무원들보다 10년에 걸쳐 승진한 2개급을 보충하고 레벨을 같이 하기 위해서는 나만의 남다름이 있어야 하기에 늘 공무수행중에도 문제의식 속에서 새로운 대안을 마련하는 습관과 갑자기 떠오르는 생각들을 메모하고 이를 시정발전아이디어를 발상할때 접목시켜 제안하는 활동을 하게 되었다. 이를 계기로 광주시청에서 주관하는 공무원제안제도에 응모하여 많은 상을 받게 된다.

이로 인해 언론 방송사가 관심을 가지고 신문이나 방송국 출연까지도 해서 보도를 해주어서 "광주시아이디어맨" 닉네임으로 내 자신이 많이 알려지면서 각시도 공무원교육기관에서 콜이 시작되어 강의와 인연을 맺게 되어 오늘날까지 이어지고 있다. 교육기관에서 나를 향한 질문들이 많아 졌고 궁금사항이 많아 나를 불러 그 궁금증을 공무원들에게 설명해 주고 그들도 동참할 수 있는 동기부여 차원에서 나를 커리큘럼에 반영한거라 생각한다.

"당신은 공직자로서 공무를 수행하면서 어떻게 많은 아이디어를 발굴하는가 ? 또한 지금까지 발굴한 아이디어에 대한 소개와 발굴 노하우에 대해" 강의 요청을 받게 되어 공무수행중에 틈틈이 강의에 참여하게 되었다.

2002년부터 지금까지 19년동안 출강한 흔적을 보면 30개 기관에 961회 50,694명 공무원과 직장인 기업인을 대상으로 강의한 경력이 쌓이게 되었고 공직에서 퇴직하기 1년전에 호남대학교와 인연이 되어 강의를 시작하게 된 계기가 된 것이다.

공직을 수행하면서 강의 경력이 많아 대학으로 가는 큰 발판 역할을 하게 된 것이다.
이 모든 상황들을 보면 "나는 참 행복한 사람이다"는 것을 새삼 느끼곤 한다.

# 03
## Facilitator 활동을 통해
## 공직자 역량을 키워가다.

  공직에서 퇴직하고 새로운 땅에서 새로운 사람들을 만나며 생활하는 즈음에 퍼실리테이터 심화과정을 2017년 12월에 수료하고 2018년 1월부터 지방자치인재개발원 퍼실리테이터로 활동을 시작하다. 제2인생을 살아가면서 공직사회의 경험을 통해 다시 공직자 대상으로 역량교육을 한다는 것이 나에게 퇴직을 준비한 멋진 삶이라고 생각해 본다.

  매년 전국 지방자치단체에서 승진한 5급사무관을 대상으로 역량개발 교육을 진행한다. 매년 15기로 기수별로 400명내외 진행하는데 2박3일로 분임별로 12명정도씩 나뉘어 하는데 기수별로 참여는 어렵지만 일년에 2-3회 정도 참여하고 있다.

  역량교육의 이론적인 교육과 참여실습으로 진행되는데 4개기법인 역할연기, 집단토론, 서류함기법, 구두발표를 통해 모의과제 역량개발 실습을 진행하게 된다. 이 교육을 통해 직무를 수행함에 있어 직위에 부끄럽지 않게 충분히 역량을 발휘하여 조직안에서 조직의 성과를 높이는데 기여하도록 강의를 진행한다. 모의과제를 통해 실습과 역할연기를 하면서 처음에는 힘들어하기도 하지만 역량 교육을 마치고 소감을 발표할 때 자신감으로 뿌듯함을 말할 때가 보람을 느끼기도 한다.

 지금까지 1년에 2~3회정도 지방자치인재개발원  5급사무관 대상 역량개발 퍼실리테이터 활동을 통해 우리공직자들이 현장업무를 수행하면서 필요한 역량을 함양하도록 하여 교육수료후  광역시에서는 팀장으로서 기초자치단체에서는 과장과 일선 동장으로서 역할 수행에 도움이 되도록 하는 나의 이런활동이 시간이  지날수록  인생 후반부를 잘 살아가고 있다는 생각도 들어 늘 감사하는 마음으로 일상을 보내고 있다.

 특히 요즘엔 코로나19로 인해 비대면수업으로 진행되어 구루미 영상사이트를 활용하여 분임별로 역할연기와 집단토론을 통해 의사소통과 업무관리, 동기부여, 갈등관리 역량을 키우는데 도움을 주고 있다.  또한 나의 부족한 강사역량을 높이고 특히  모의과제에 대한 역할수행 후 교육생에게 도움되는 피드백에 대한 스킬을 얻고자 별도의 2일간의 FT심화교육과정도 참여하여 멋지고 능력있는 최고의 퍼실리테이터 활동을 기대해 본다.

 앞으로 쉬지않고 지속적으로 열정적인 활동을 하고자 시간나는대로 관련 자료 공부와 연구로 역량에너지 충전하는데 게으름을 피우지 않으려 노력을 다하고 있다.

# 04
## 중소벤처기업부 시민감사관 위촉되어 보람된 일을 시작하다.

　중소벤처기업부 시민감사관 전국 모집 공모가 있었는데, 광주창조경제혁신센터의 적극적인 권유로 응모하여 전국에서 20명내외로 선임하는 데 제출한 서류심사만으로 통과하여 2018년 7월 1일자로 위촉되어 중소벤처기업부 시민감사관 활동을 하게 되었다. 특히 매년 중소벤처기업부 관련기관 성과평가에 있어 심사위원 자격으로 참여 하였으며, 2019년에는 광주테크노파크 자체 감사가 3일간 진행되었는데 여기에 감사관으로 활동을 하여 보람도 있었다.

　이러한 민간인 신분으로서 평가와 감사하는 과정에서 항상 공무원의 대변자이자 업무처리과정에서 어려움을 이해하고 격려하는 차원에서 나의 역할은 필요했고, 이러한 일들이 참 보람도 컸다라고 본다. 중소벤처기업부 시민감사관의 활동을 앞으로도 많은 설렘임속에서 기대해본다.

# 05
## "사회적기업SE프로" 활동을 통해 사회적경제 가치를 높이다.

"한국사회적기업진흥원 사회적기업SE프로" 로 2018년에 위촉되어 지금까지 4년차 활동을 하고 있다.

프로보노(Pro Bono)에 대해 설명을 하자면, 자신의 경험, 지식, 기술 등 전문성을 기부하는 새로운 사회공헌 모델로 자원봉사활동의 한 영역이지만, 완전히 같은 표현이라 보기는 힘들다. 본질은 같되 더 좁은 의미이며 누구나 할 수 있는 단순 노력봉사와는 다르다고 본다. 프로보노 활동은 전문성이 있어야 가능하고 개인보다는 사회적기업과 같은 조직의 경영능력을 높여 사회적 가치효과를 극대화하도록 전문지식과 기술을 제공하기 때문이다.

일회성이 아닌 지속성을 전제한다는 점에서도 자원봉사와는 구분되며 사회적기업의 지속가능성을 높이기 위한 지역사회 협력전략으로 시장과의 지속적 소통·교류를 전제하며 장기적으로 조직 인프라를 구축하는 서비스를 제공한다는 점에서 단순 자원봉사활동과는 다르다고 본다.

사회적협동조합 살림과 연계하여 현장에서 기업인을 만나 사회적기업을 홍보하고 사회적기업으로 진입할수 있도록 가이드와 각종 정부의 지원정책과 사회적기업으로서 사회적 가치를 추구하도록 도우미 역할과 살림에서 추진하고 있는 기초경영지원사업에도 참여하여 컨설팅을 진행하기도 한다.

그동안 기업에 대해 경영컨설팅을 통해 성과를 만들어낸 일부를 소개해 보고자 한다.

# A기업의 경영컨설팅은 지속성장을 위한 경영마케팅 진행과 함께 시설자금이 필요하여 "신용보증기금"금융기관과 링크하여 2억원의 자금 대출지원 받아 식품안전을 보장하는 장치인 HACCP처리시설을 갖추는 확장공사에 도움 되도록 하였음.

# B기업의 경영컨설팅도 성과창출과 지속성장을 위한 홍보마케팅과 경영컨설팅 진행과 함께 사업장통합과 사업장이전에 따른 자금이 필요하여 "신용보증기금" 금융기관 링크하여 시설자금 5천~1억원 지원 약속을 받았고 시장분석, 빅데이터, 한국과 비교한 미국 반려동물 시장현황 자료 등을 통해 예측분석 등 기업 경영전반 컨설팅.

# C기업의 경영컨설팅은 시설확장 자금과 전문인력 채용 등 기업운영상 어려움관련 컨설팅을 진행하여 시설자금 확보를 위해 "신용보증기금 호남본부" 사회적경제팀과 단독 링크 상담후 수진기업에 사업장시설 대출자금 1억원을 기업이 필요한 기간내에 지원하도록 도왔으며, 사업확장 관련 재무회계 전문인력 확보는 정부 일자리창출 지원사업과 연계토록 하고 기업홍보와 마케팅전략은 정부의 개발사업비 지원신청을 통해 해결토록 코칭함.

때로는 사회적기업SE프로 자격으로 광주시에서 각종 사업추진관련 심사와 평가때에 참여하여 현장속에 느낀 기업인의 애로사항들을 평가 심사때 반영하는 등 현장의 목소리를 전하기도 해서 스타트업 기업들에게 현장대변자로서 역할을 수행하고 있는 듯해서, 나름 뿌듯한 마음을 쌓아가고 있다.

 연간 활동성과를 살펴보면, 한달에 15개 내외 청년기업을 찾아가 현장 미팅을 진행하고, 이러한 과정속에 예비사회적기업으로 지정되거나 인증받은 기업들이 늘어나고 있어 가장 큰 나의 보람이기도 하다.
지난 2019년말에 사회적기업 SE프로로서 사회적경제기업의 성장과 발전에 기여한 공로로 한국사회적기업진흥원장상을 수상한 뜻 깊은 한해를 보내기도 했다.

 2021년도에도 기회가 주어지는 대로, 현장에서 많은 기업인들을 만나고 사회적가치를 추구하는데 도움을 주는 헬프맨이 되고자 한다.
나의 작은 현장활동의 노력들이 사회적기업의 조직 경영능력을 높여 사회적 가치 효과를 극대화하도록 나만의 현직에서 쌓은 실무경험과 관련 지식과 역량을 최대한 발휘하고자 한다.

 또한, 시설 운영자금이 필요한 기업이 있다면 환경분석과 진단을 통해 금융기관과 원스톱 링크로 적기에 지원되도록 하여 막힘없이 지속 성장하는 사회적기업이 되도록 기업 현장속의 헬프맨으로 SE프로 활동을 하고자 내 자신과 올해도 약속해 본다.

# 06 / 청년 창업멘토로 컨설팅을 통해 지속성장창업을 리딩하다.

　전남지역 창업지원은 "전남창조경제혁신센터"가 주관이 되어 지원하는데 특히 "전남으뜸창업" 플렛폼시스템 구축과 100여명의 다양한 분야 창업전담멘토단을 구성하여 운영하는데 이곳의 전담멘토로 활동하고 있다. 또한, 광주지역 창업지원은 광주테크노파크와 광주창조경제혁신센터에서 진행하고 있는데 내가 주로 하는 활동은 광주테크노파크 창업드림팀 전문위원으로 위촉되어 지금까지 다양한 분야에서 창업하려는 전담멘토 역할을 다하고 있다.

　지금은 창업벤처시대로서 청년들의 열정과 핫한 아이템을 가지고 창업에 많이 뛰어 들고 있는데 창업을 하려면 3가지조건들을 갖추어져야 한다라고 본다. 먼저, 창업아이템으로 그 누구도 따라 할 수 없는 나만의 차별성과 독특함이 있어야 하고, 두번째로는 창업자금이 있어야 하기에 금융기관의 도움과 정부

지원사업에도 참여하여 자금확보가 필요하며 세번째로 개발된 제품이나 서비스가 언제 소비자들에게 어떻게 알려지도록 하는 홍보체널 구축과 마케팅 전략을 수립 추진함이 성공으로 이어지는 관건이라고 본다.

아무리 좋은 제품/서비스를 만들어도 소비자의 불편함을 개선하거나 니즈에 부응하지 못하거나 제품에 대한 사전 홍보를 하지 못해 소비자들이 외면하게 되면 결국 실패로 이어지기에 제품출시 타이밍도 매우 중요하다고 보며 이러한 관점에서 현장 컨설팅을 진행하고 있다.

2019년에는 담양도립대학에서 창업아카데미 컨설팅요청이 있어 2주간 창업노하우, 사업계획서작성 기법, 홍보마케팅기법 등에 대해 창업 교육과 함께 컨설팅을 진행하기도 했다.

2020년이후에는 AI인공지능시대 다양한 분야에서 창업하고자 하는 청년들에게 미래변화트랜드, 경제동향흐름, 소비자니즈 파악, 세심한 시장조사 등 충분한 창업준비 기간을 거쳐 창업자로서 자신감을 갖고 차별화된 나만의 경쟁력이 있는 제품개발을 통해 창업하도록 권면하고 있다.

# 07 광주전남벤처기업협회 자문위원으로 중소기업발전에 함께하다.

　광주전남벤처기업협회 자문위원으로 2017년도에 위촉되어 중소기업의 발전과 활동의 자문역할을 수행하고 있다. 내가 위촉된 배경은 그동안 광주시 기업육성과장, 경제과학과장, 민생경제과장, 일자리정책과장을 통해 기업인들과 소통하고 관련 정책들을 펼쳤던 경험과 사례들을 중소벤처기업들이 성장하는데 다소나마 도움이 되어 달라고 협회장으로 부터 권면이 있어서 수락해서 활동하고 있다.

　때론 매달 정기적으로 개최되는 벤처포럼에 참석하기도 하고 정기적인 벤처협회의이사회에도 참석하여 많은 얘기들을 나누며 건설적인 좋은시간들을 갖곤 한다. 2020년 11월에는 제12회 광주전남벤처포럼에서 미래포럼공동대표인 박영숙대표를 초빙하여 "코로나로 인해 앞 당겨진 벤처기업 생존전략"에 특강을 하고 강의 내용에 대한 질문시간도 진행했는데 핵심적인 질문과 답변으로 기업인들에게 도움이 되도록 하였다고 질문기념으로 직접 저술한 '세계미래보고서 2035-2055" 귀한 책도 선물로 받았는데 앞 당겨진 미래와 건강과 수명연장, 스마트시티&라이프, 경제와 일자리, 거버넌스, 교육, 환경과 에너지, 기술 우주에 대해 구체적으로 언급되고 있어 대학에서 미래변화 트랜드 스크린하는 수업에도 도움이 될것 같다.

2020년 12월 여수에서 1박2일 제13회 광주전남벤처포럼에 참여하여 "벤처기업인들 멋진 인생 루트"에 대해 에너지밸리기업인과 벤처기업인에게 특강을 하게 되었다. 특강을 진행하면서 "한번, 태어난 인생, 어떻게 멋지게 살아 갈 것인가 ?" 에 대해 질문속에서한번 태어난 인생을 멋지게 잘 살 수 있는 방법 노하우 5가지에 대해 중점 강의를 진행했는데 그 주요내용을 소개하고 한다.

먼저, 자신감으로 우리 일상이 충만할 때 우리 삶은 활기있고 새로운 것에 도전하게 만든다. 두번째로 건강하고 행복하게 잘사는 것은 나와 관계되는 사람과 원만하게 지내는 관계성에 있다. 세번째로 환한 미소로 웃는 표정과 긍정마인드로 하루 시작하고 삶을 이끌고 가면 기쁘고 좋은 일들만 생긴다. 네번째로 열정적/ 적극적으로 일을 대할 때 지치지도 않고 창의적으로 새롭게 업무를 수행할 수 있다.

마지막으로 매일 대하는 사람과 일을 처리할 때 오늘의 중요성과 함께 마음가짐 상태인 태도가 매우 중요함을 함께 공유하는 시간속에서, 나에게는 또 다른 자부심과 더불어 행복감도 안겨준 귀한 시간이었다.

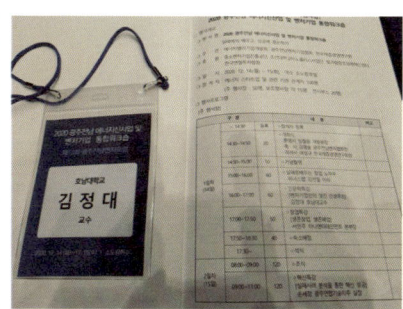

# 08
## 법무부 교정위원으로 재소자를 찾아 희망을 전하다.

　우리는 인생을 살면서 가지 않아야 할 곳이 있다. 바로 그곳은 살아가면서 죄를 지어서 수감되는 교도소이다. 그런데 내가 퇴직이후 새로운 땅 새로운 사람을 만나기로 나의 2의 삶을 영위하면서 찾아가기 어려운 광주교도소와 인연을 맺었다. 지인의 소개로 마음도 몸도 갇혀있는 재소자를 위해 재능기부 봉사를 하라는 것이다. 저는 이 제안을 처음으로 부탁받았을 때 거절할 수가 없었다. 바로 그것은 나와의 약속이기에 그러하다.

　나의 결심을 통해 광주교도소 교정위원으로 위촉을 받았는데 법무부장관이 위촉장을 보내주셨고 위촉패를 광주교도소에서 제작해 나의 서재에 보관하고 있다.

　이로 인해 매달 재소자 인성교육을 위해 "멋진 새로운 삶을 위한 우리의 도전"이라는 제목 강의안을 가지고 광주교도소를 찾아간다. 나는 태어나서 주변 사람 면회한번도 가보지 못한 말 그대로 낯선 땅을 찾아가게 되었다.

그때 나의 마음은 어떠했을까 짐작이 가시나요. 교도소에 도착하자 교육담당 교도관이 기다리고 있었고 나는 입구에서 신분증을 보관하고 내가 소지할 수 있는 교육용 USB 하나만을 소지하고 교도관이 안내하는 대로 따라가게 된다.

그런데 재소자를 만나는데는 많은 시간과 관문을 통과해야 했다. 무려 6번 이라는 이중 철창문을 통과해야 만날 수가 있었다. 어렵게 도착해서 강의를 시작해야 하는데 이들에게 내가 준비한 강의내용을 어떻게 어떠한 방식으로 전달해야 할까 고민이 시작되었다. 나는 담대하게 교육대상자에 대한 거부감을 해소하려고 무척이나 노력했다.

맨 앞에 앉아있는 재소자는 0000수감번호가 이름이었는데 몸에 타투한 흔적과 함께 최초로 마주하기에는 다소 부담도 있었다. 그러나 마주치는 순간 나는 미소로 화답을 하고, 강의 시작하면서 이들도 누구나 똑같은 인간이며 어쩌다 순간 감정을 억눌리지 못해 죄를 범하게 된 사람이기에 "죄는 미워하되 인간은 미워하지 마라"라는 말이 있듯이 이들에 대한 편견을 버리면서 나의 계획대로 강의를 진행했었다.

시간흐름속에 2년간의 강의를 통해 이제는 교도소와 재소자들이 낯설지가 않다. 나는 모든 사람은 평등하다라는 생각속에서 나의 생각을 전한다. 나의 강의 2시간동안은 그 어디에서도 느끼지 못한 나만의 열정이 생긴다.
왜 그럴까? 생각해 본다. 왜 이들에게 이런 마음이 들까? 바로 그것은 나로 인해 여기있는 재소자 한명이라도 변화되어 출소이후 멋진 새로운 삶을 살아간다면 나는 얼마나 소중한 사람이고 얼마나 세상 살면서 가치있게 살았는가를 생각만 해도 오싹해진다.

인생을 살아가면서 나로 인해 더불어 잘 살아갈 수 있는 세상을 만들어 간다는 것이 얼마나 중요하고 가치있는 일인지를 새삼 깨달아본다. 앞으로도 이런 좋은 생각을 떠올리며 나에게 주어진 기회의 시간에 충실할 것이라는 다짐을 해본다.

# 09 / 시민과 소통/협력 행정을 위한 각종 위원회 활동하다.

**# 광주광역시 남구 사회적경제위원회 위원장으로 활동하다.**

2021년부터 남구청 사회적경제발전을 위해 위원회에 위촉되어 활동을 하고 있다. 본 위원회 구성는 사회적경제활성화 관련분야와 학계전문가 등 10명 위원으로 구성되어 운영되고 있다.

위원회 활동은 지속가능한 사회적경제 생태계 구축 및 사회적경제조직을 육성하고 사회적경제 육성을 통한 일자리 창출, 사회적경제 성장을 위한 홍보 및 판로지원에 있어서 자문활동 등을 하게 된다.

특히, 매년 사회적경제 육성사업에 대한 담당부서의 계획내용을 청취하고 다양한 의견 교환하기고 하고 지역특화제품개발 지원사업 참여기업, 사회적경제문화장터 참여단체 선정 등에 있어 위원회를 개최하여 공정 심사를 진행하여 결정하고 있다.

본 위원회의 위원장으로 역할수행을 위해 시민과 소통과 협력을 통해 보다 건전하고 보다 발전적으로 사회적경제가 활성화되도록 사전에 연구활동으로 다양한 좋은 발전적인 의견들을 제시 할 수 있도록 최선을 다하고자 한다.

**# 광주광역시 광산구 협치회의 공동의장으로 활동하다.**

광산구협치회의운영조례가 제정되어 관련 2021년 광산구협치회의가 총 19명 (당연직3명, 위촉직16명)으로 구성되었으며 최초 위원회 16명위원 선정은 구청포털 공모를 통해 심사후 선정되었다.

광산협치회의 주요기능으로는 광산구 민관협치 체계의 구축 및 활성화에 관한 사항 심의·조정, 시민정책 제안 사항 현장 실사 등 검토 및 부서 제안, 일반정책 발굴·실행 활동에 참여하는 일이다.

2023년에 재위촉되어 협치회의 운영방향에 대해 몇차례 회의를 진행하여 결정하였는데 찾아가는 경청 구청장실 등을 통해 제안한 시민의 목소리를 적극적인 역할로 구정정책에 더 많이 반영될 수 있도록 하고

일반정책 발굴도 지속적으로 진행하여 진정한 의미의 "민관협치"가 실현되도록 운영방향을 확정하고 세부추진방법을 세워 나아가고 있다.

민관협치 운영의 효율화를 위해 분과위원회를 두도록 되어 있어 경제복지분과와 행정안전분과의 2개분과를 운영하고자 한다.

본 협치회의 공동의장의 책무를 성실히 수행해 갈 수 있도록 사전에 현장을 찾아 바라는 목소리를 듣고 또한 전문가 의견도 들어서 효율적인 위원회 운영과 성과가 있는 활동이 되도록 노력을 다하고자 한다.

# 10 / 광주인공지능산업융합산업단 AI전문가 자문단 활동하다.

 2023년 광주시 AI전문가 자문운영을 위한 전문가 자문위원 모집공고가 있어서 신청을 하였는데 적격성평가를 통과하여 전문가 자문위원으로 활동하고 있다.

 자문활동 내용으로는 광주지역 AI기업, 광주이전예정인 AI기업(예비창업, 스타트업)과 매칭하여 자문활동인 컨설팅을 진행하게 된다.

운영방법은 1:1자문 오프라인으로 진행하며 신청기업이 전문가지정 혹은 코디네이터가 전문가를 매창하며 1회 2시간이내 자문으로 활동하게 되고 전문가 커뮤니티 운영활동을 통해 기업과 협업을 통해 매출상승, 투자유치 등 비즈니스 성과창출하는데 도움 주기도 한다.

금년에 진행했던 배달/대행/공동구매업 ㈜링크캠퍼스 회사는 IT기술로 시간,노력,비용을 줄이는 경제적 동네를 만드는 미션과 다댐 차세대 공유경제 서비스 제공에 대해 소개받고 컨설팅을 진행하였다.

기업의 경영전략, 비즈니스 모델 구축, 마케팅전략 등에 대해 제반 컨설팅을 며칠에 거쳐 진행하여 다소나마 회사발전에 도움되는 역할을 하여 나름 뿌듯한 보람도 느끼며 좋은 사례의 경험을 쌓은 것 같다.

앞으로도 기회가 있어 매칭이 지속적으로 진행된다면 시대변화 흐름에 대응하고 지속성장하는 AI기업으로 성장하는데 기여할 수 있도록 최선의 자문활동과 부단한 응원을 보내고자 한다.

# PART 04

지난세월
아름다운 추억을 그리다.

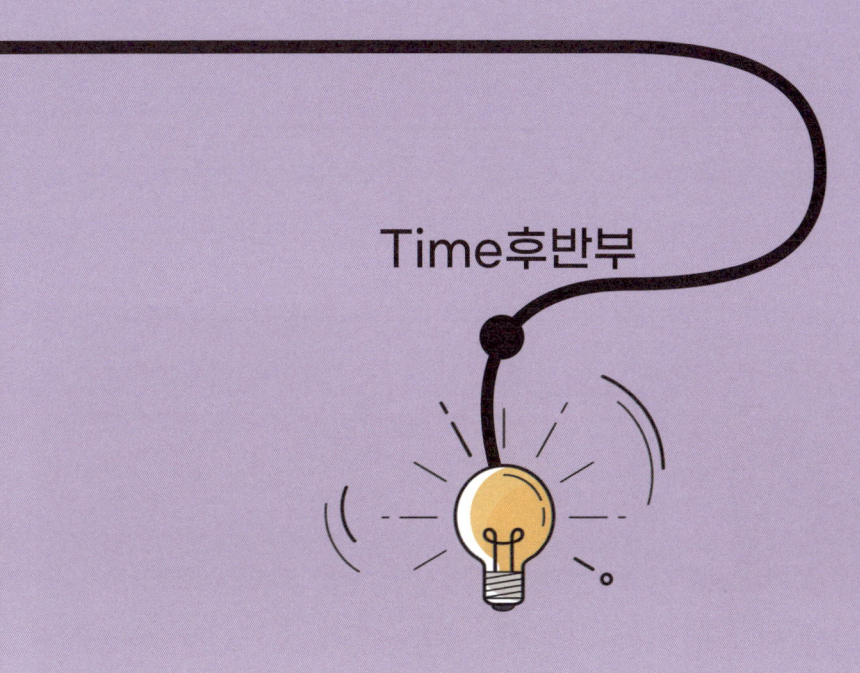

Time후반부

#소소한 일상의 삶속에서
"생각의 결" 을
4季 메모장에 남기다

Part 4. Time 후반부

소소한 일상의 삶속에서 " 생각의 결 "을 4季 메모장에 남기다.

## 01
\# 봄의 향기속에서

# 120년 세월의 흔적을 남겨가는 장독 항아리

항아리는 어디에 쓰는 물건인고 하니.
선조때 부터 장 담그고 된장 보관하고 하는
옛날부터 유일한 장종류 보관하는 창고같은 기능을 해 왔던 것 같다.

그러나, 많은 시간과 세월의 흐름속에서
살림하는 주부들의 바쁜 일상과 일상 패턴의 변화속에서
많은 변화를 가져와 이제는 대개 집에서 간장/된장을 만드는 시대가 아니다.

그래서 이제 항아리들은 외로움과 우울증에 시달리고 있다.
항아리들은 외치고 있다. 자기를 이용해 주지않고 사랑하지 않는다는 것이다.
집안 모퉁이에 아니면 사람이 없는 한적한 빈 공간안에 가두어 있다.

어느 누구도 생각도 못했던 코로나19로 인해 사회적거리두기 시행으로
내가 가고 싶은 곳, 내가 만나고 싶은 사람을
쉽게 만나거나 가기가 쉽지 않아 집에만 머무는 시간이 많아졌다.

이러한 시기에 항아리는 주인장을 위한 새로운 변신을 시도했다 .
관심받지 못했던 집안모퉁이 항아리가 이제는 사람의 시선받는 주인공처럼
한 가정의 "sweet home cafe"에 멋스럽고 묵직한 탁자 역할을 다 하고 있다.

이를 보고 있노라면 지난 역사속의 아름다운 추억을 되새기게 하는 박물관처럼.
매일, 시간있을 때마다, 쉽게 만나는 다정한 집안 친구가 되어 버렸다.

바로, 우리집 이층에 이 친구는 120년간의 세월을 머금은
우리집 보물같은 항아리이다.

# 02
\# 봄의 향기속에서

## 완도 약산 득암항구

우리 인간은 멈춤보다 움직임을 좋아하나 보다.

오늘도 어디론가 떠나 가고픈 마음이 커서
아내랑 승용차에 몸을 싣고 2시간을 달려 완도 약산 득암항구를 찾았는데
고기잡는 많은 배들이 한가롭게 작은마을 항구에 정박해 있다.

오늘 이라는 쉼의 시간속에서
내일을 위해 충전하고 있는 듯한 작은 포구의 한적한 풍광이 여유롭고 정겨워 보인다.

이런 감성을 갖게 하는 나의 마음은 어디에서 올까.
맑은 하늘과 탁 트인 바다가 주는 시원함과 넉넉함의 덕분일까.
편안함속에서 나에게 주는 마음의 선물인 것 같다.

우리가 바라보는 관점에 따라 모든 것이 달라지듯이
오늘은 좋은 것만 바라보고
기분 좋은 마음만을 이곳에서 나에게 주니, 순간 무한한 행복감에 젖게 한다.

우리 인생도 바쁜 일상가운데 찾아가는 아름다운 멋진 공간속에서
건강한 삶을 위해 한적한 곳에서 몸의 편안함을 누리면서
더불어 생각하는 결도 깊어질 수 있도록 늘 기회를 만들어 행복을 충전해 가는 것이 중요하다고 생각한다.

이처럼 바닷가 작은 항구의 깊음이 있는 여유로움의 시간들이
우리들에게 쉼의 중요성을 깨닫게 함과 편안한 안식을 주어서 정말 기분 좋은 날이다.

# 03

# 봄의 향기속에서

# 촛불이 주는 감성

우리집 "항아리카페"에 어두운 밤이 오늘도 여지없이 찾아 왔다.

찾아온 이밤에 이곳 카페 분위기를 더 한층 심쿵하게 하기 위해
향내 나는 캔들을 켜고 멍 때리듯 묵묵히 바라다 본다.

어두움 속에서 환하게 빛나는 촛불을 바라다 보고 있노라면,
지나간 옛 추억들을 하나 하나 회상하게 되고
이밤에 우리들의 감성들을 새롭게 터치하면서 날로 고조시킨다.

왜 이렇게 바람에 흔들리는 촛불 하나가
우리네 잔잔한 이 마음을 파도치게 만들까 ?

아직도 내게는 20대의 청춘의 순수한 감성이 살아 있다는 걸 보여 주는 것일까 ?
그러나 어느 누구도 이밤에 이맘을 알자가 누가 있으리요.

라디오에서 들려오는 가을밤 클래식 음악의 소리가 이 밤에
우리네 마음을 더 깊게 감성적으로 흔들어 버린다.

멀리서 희미하게 보이는 저 별빛도 우리와 함께 하고 있었는지
이 밤에 유난히 가까이에서 반짝거려 보인듯 하다.

밤이 깊어가는 이 밤에  촛불이 주는 감성의 마음이 이 밤을 삼켜 버릴까 두렵다.
내일을 위해 깊은 잠을 청해 본다.
그러나 쉽게 마음이 정리가 되지 않는다.

이 밤에 누가 나를 잠들게 할 것인가?

# 04
\# 봄의 향기속에서

# 화목한 가정 & 행복 바이러스

　우리 가정은 우리 부부가 서울에 가면 아들, 딸 가정이 늘 한자리에 함께 모인다. 서울 동대문구 답십리에 사는 딸 집에서 우리 가족 모두가 함께 했는데 식탁에 차린 맛있는 음식도 있어 좋았지만 서로 얼굴만 맞대도 막힘이 없는 웃음들로 가득하고 서로를 향한 마음들이 사랑으로 가득하여 어떠한 대화 속에서도 공감하고 함께 웃는다.

　그래서 우리는 모이기만 하면 참 좋고 시간가는 줄 모른다. 남들이 우리를 향해 부러워하는 행복은 특별한 사항이 아니다.
내가 현직 서기관으로 시청에 근무하면서 두 자녀인 아들과 딸을 모두 결혼시켰고, 결혼 후 아들 딸 손자 손녀가 4명이나 있다는 것이다. 그렇다, 요즘 세대는 젊은 이들이 빨리 결혼도 하지 않으려고 하고 또한, 결혼을 해도 얘들을 낳지 않으려는 경향은 시대흐름속에서 이해해 보려하지만 도무지 납득이 안가는 부분이 많다.

우리 집안을 향한 주변의 소리없는 부러움을 보면서 늘 행복감 속에서 살아가고 있음을 실감하게 한다. 그렇다. 우리가 서울에 가서 손자손녀인 지아, 지온, 이안, 나온이를 바라보면 먹지 않아도 배가 부른 것 같다.

정말 이보다 더 큰 부자가 세상 어디에 있을까라는 생각을 하게 한다.
진정한 행복의 삶이란 무엇인가? 난 우리 화목하고 평화로운 가정의 일상적인 삶속에서 순간 순간 찾아가고 있다.

오늘도 서울에 멀리 떨어져 아들과 딸이 살고 있지만 요즘에는 영상통화로 항상 함께 가까이에서 살아가고 있는 듯한 마음을 갖게 한다.

건강한 우리집 가정속에서 만들어 내는 행복 바이러스 덕에 우리들의 삶은 매일매일 신명나고 기쁨 속에 살아가고 있어서 감사할 뿐이다. 어느 집안이든 최고 어른(부모)를 중심으로 모이게 되는데, 그런 것처럼 우리도 건강관리 잘해서 오랫동안 건강하게 자녀곁에서 살면서 이런 행복감을 느끼며 소소하게 살아 가고자 한다.

우리 아내와 약속한 것이 있다. 우리가 살다가 아프면 요양병원에 보내지 않기로 하자는 약속을 한 바가 있다. 누가 보면 웃을 일이지만 이건 슬픈 우리들의 현실 속에서 한 약속이지만 나이가 들어 가면서 주변 요양병원과 요양원이 늘어 나고 있음을 볼 수가 있다.

일단 그곳에 가면 다시는 가정으로 돌아 오지 못함에 더욱 더 두려움의 공간으로 작용하는 것 아닌가 싶다. 우리 부부가 서울을 찾았을 때 우리로 인해 한 자리에서 우리들이 만들어 내는 소중한 것들이 많다.

바로 그것은 "우리들만의 온화하고 따뜻한 웃음이고 우리들만의 온기있는 진한 사랑이며 우리들만이 누리는 진정하고 짜릿한 행복이다"고 분명 말할 수 있다.
우리가정은 모이기만 하면 얻어지는 것이 많아서 좋다. 돈을 주고도 어디에도 살 수가 없는 인생을 살아가면서 아름다운 삶의 가치를 우리는 늘 얻는다.

# 05
# 여름의 태양아래서

# 파도속에서 들려준 인생 독백

도시생활의 복잡함과 시끄러운 소음들을 피하여 다소나마 씻어 내어 보고자 신안 백길해수욕장을 아내와 함께 자동차로 2시간 달려서 찾아 왔다. 도착한 해수욕장 바닷가의 아름다운 풍광과 밀려오는 하얀 파도소리에 세상살이 아픔과 시름들을 잠시나마 다 내려 놓은 순간 파도속에 씻겨 나간 것만 같다.

나를 향해 밀려오는 파도소리속에 마냥 흥얼거리며 해변을 걸어 본다. 여기까지 60평생 잘 살아온 나 자신에게 진심으로 아낌없이 칭찬해 주고 싶다. 항상, 내 곁에서 나를 지켜 주고 있는 사랑하는 아내에게도 그동안 어려움일 있을 때마다 함께 해주어 "고맙다고 사랑한다고" 새삼 용기내어 고백해 보고 싶다.

지금 파도소리에 잘 들리지 않지만 이 사랑하는 마음을 저 파도가 전해 주리라 믿어 본다. 지금까지 나의 육체와 영혼이 건강함 속에서 좋아하는 일들만을 찾아서 기쁜 마음으로 할 수 있는 환경을 허락하여 줌에도 이순간 무한 감사를 전해 본다. 이렇게 나를 향해 다가오는 파도속에서 한 순간 나의 순수한 독백의 표현이 부족하기만 하다.

지난 순탄치만 않았던 공직생활의 긴 시간속에서 많은 생각과 다양한 경험속에서 지난날의 흔적들이 지금에 와서 밑바탕이 되어 일상의 삶가운데 화려한 그림을 그리게 하고 있지 않는가

나의 후반부 인생을 살아 가는 날에 새로운 사람을 만나고 새로운 일들을 하게 되고 다양한 경험을 느끼게 하여 나를 세상 가운데 외롭지 않게 하는 도다. 이 모든 것이 이 땅을 창조하고 운행하시는 그분의 은혜와 사랑이 언제나 변함이 없으시기 때문이다.

앞으로 남은 인생의 삶을 "무조건 감사함을" 고백하며 살아가고자 또 다짐해 본다. 그래서 일상의 소소한 삶을 꾸려가는 동안 누가 뭐라해도 "나는 정말 행복한 사람"이라는 걸 환한 미소로 보여 주고자 한다.

# 06
\# 여름의 태양아래서

## 지난 여름 부부이야기

행복해 보이신가요 ?
언제나 우린 항상 붙어 다니는 부부랍니다.

그래서 주변에선
우리를 "잉꼬부부"라고 호칭합니다.
부인하고 싶지는 않아요.

그렇지만
우리 부부도 보이지 않는 비밀이 있답니다.

때론.
너무 사랑하기에
너무 관심과 배려가 많기에 너무 건강하게 오래 살고자

때론,
사소한 일들로 얼굴이 붉어지기도
생각의 차이로 침묵이 흐르기도 하는

현실적이며 이상적인 부부이기도 합니다.

# 07
# 여름의 태양아래서

# 눈길 받지 못한 콩란

우리 집 정원 한쪽구석에 숨어서
시선도 받지 못하고 큰 돌에 붙어 자라고 있는 콩란이 있는데

어느날 주인의 생각하는 관점이 바뀌었을까?
우리 집을 찾는
모든 이 시선을 받을 수 있는 2층 홈카페 중앙으로 옮겨 졌다.

요즈음 우리를 움직이지 못하게 하는 코로나 영향일까?

주인님이 집안에서 머무는 시간이 많아지면서
사물을 바라보는 시선의 변화인 것 같다.

이처럼 세상살이도 순간 변하고 바뀌고 있는 것 같다.
지금, 내가 비록 낮은 자리일지라도

남이 쳐다 보지 않는 사람 일지라도
앞으로 어떻게 될지에 대해서는 모르는 법.

묵묵히 때를 기다리는 자연의 순리를 깨닫게 하고
또한 삶의 소소한 지혜를 얻게 한다.

이게 바로 뒤늦은 나의 깨달음 일까?

"기다리자" 시간을 가지고
"더 기다리자"
그 날을 위해 ~

# 08

# 여름의 태양아래서

## 자연을 떠나서는
## 살수 없는 걸까?

우리 인간은 태어나면서 부터
자연을 떠나 살 수 없다는 생각을 먼저 해 본다.

세상에 살면서 쌓인 복잡한 번뇌 같은 것들을 버리고
가벼워지고 싶은 마음에서 이곳 곡성 도산사 산속계곡을 찾았다.

이곳에 흐르는 수정 같이 맑은 물 속을 보니 순간 모든게 사라지고
이 산속의 청정한 공기처럼 스치는 바람처럼 순간 내맘은
한층 더 맑아져 버린다.

우리가 살면서 편리성과 간단함 만을 추구하고
가까운 병원에만 가서 그 동안 모든 것을 해결하려 했던

나 자신의 태도와 생각에 대해 이곳에서 다시 한번 생각하게 한다.

또한, 뜻하지 않은 선물을 받은 느낌의 행복감에 젖어 든다.
자주 오지 못함에 후회도 하면서

복잡한 생각들을 나를 힘들게 했던 지난 추억들을
이곳에서 흘려 보내고

평안한 마음속에서 나 자신을 바라 보고 싶다.
앞으로 기회가 된다면 자주 오리다.

이 청정한 좋은 계곡에서 우리들에게 주는 선물들을
또 받고 가고 싶기에 그리할까.

# 09
# 여름의 태양아래서

## 바닷가는 나의 인생무대

당신은 오늘 뭐가 그리도 좋은가요.
정말 신이 났네요.

그대여, 그동안 얼마나 일상의 삶이 고달프셨는지요.
모처럼 찾은 모래백사장위에 추는 당신의 춤사위는 너무나 자연스럽습니다.

그러하기에 보는 이도 없지만 평상시 쑥스러워하는 당신의 모습과는 다르게
오늘 이 무대에서 전혀 부끄럽지도 않아 보입니다.

오늘만 같다면
지금 이 순간 이 기분만 같다면

얼마나 우리의 인생이 좋을까라는 생각도 해 보겠지요.
당신의 꿈꾸는 앞날의 비전을 "탄탄대로"라고 인생 최종 목표를 세웠잖아요.

당신이 살아가는 삶의 인생 경영철학도
확고하고 분명하기고 하고 뚜렷한 삶의 목표가 있기에 걱정말아요.

그대의 삶은 곧 60을 바라보는 중노년의 삶이 시작되지만
그래도 좋은 날만이 기다리고 있다는 걸 잊지말아요.

잊지마세요.
세상에서 가장하는 사랑하는 혜영씨.

# 10
# 여름의 태양아래서

## 아름다움 & Beauty

우리 부부는 주로 토요일이랑 일요일 오후가 되면
집에서 멀지 않은 분위기 좋은 카페를 찾아 나선다.

오늘도 우리 부부는 광주 생태공원주변에 있는 넓직한 한 카페에 도착했다.
아메리카노 커피 향기와 카페 분위기에 순간 우리는 이곳의 주인공이 되어 버린다.

언제나 나는 작가수준의 포토맨은 아니지만 정성을 다해 나름 각을 잡아서
셔터를 눌러 순간의 기분을 한장의 추억 사진으로 남기곤 한다.

오늘도 쇼파에 앉아 커피마시는 모습을 카메라에 포착했다.
바로 아내의 카톡으로 전송했는데 사랑하는 아내는 이 사진을 보고

진지하게 웃지않고 부탁한다.
얼마나 마음에 들었으면, 얼마나 예쁘게 나왔으면

"내가 죽거들랑. 이 사진을 영정사진으로 해주오" 이렇게 말한다.
우리는 살아가면서 주검에 대해 알 수도 없고 알려고도 하지 않는다.

그 이유는 뭘까? 새삼 생각에 잠기게 한다.

생각하는 순간 멍해지며 복잡해지고 허무해 질 수 있기 때문일지도 모른다.
그래서 우리 주검은 어느 누구도 알 수가 없는 비밀인데

나에게 너무나 편안한 얼굴로 웃으면서 부탁한다.
난, 순간 당황해지면서 바로 대답할 수가 없었다.

마음속으로 만 대답하고 그 순간을 애써 모면하려고 침묵으로 대변했다.
그러나, 내 마음은 이미 슬픔이 몰려와 있었다.

보이지 않는 눈가의 눈물이 이미 내 마음을 흠뻑 적셔 버린 것 같았다.
.......여보, 사랑해요.....

# 11

\# 가을의 낭만속에서

# 테라스 홈카페에
# 그림 그리는 뭉게구름

우리집 이층 테라스 홈 카페 어닝사이로
파란 하늘과  하얀 뭉게구름이  항아리 유리탁자위에

자기만이 가지고 있는 형상의 모습들을
그대로 비춰주어  정말 아름다웠다.

홀로 아메리카노 한잔하며
들려져 오는 라디오 음악과 혼자만의 시간 속에 취해 있는데

시원한 아이스 유자음료를  잠자리처럼
살포시 아내가 갖다 주어 멋과 맛을 더해 주었다.

이렇게  모든이가  꿈꾸는  일상속의 소소한 행복에 깊숙히 빠져든다.
"행복은 내가 생각한 만큼  행복해 진다" 는 사실을
몸소 느껴보는 나만의 시간속에

어느 누구와 비교 할 수 없는 "행복공장CEO" 가 되어 본다.

## 12

\# 가을의 낭만속에서

# 어둠속에서 주는
# 호롱불의 의미

우리집 이층카페에 벽면 호롱불이 어두움을 환하게 밝히고 있다.
요즘 코로나로 지쳐만 가는 마음에 밝은 향초의 불빛이 위로라도 하는 듯하다.

일상을 조용하게 생각해 보면
알게 모르게 도움주고 도움받는 상생의 관계를 새삼 느끼게 하는 시기인 것 같다.

정부 보건당국의 매일 확진자와 대책 발표를 들으면서
우리의 의지대로 되어지지 않는 천재지변 같은 상황 속인 것 같다.

그러나 우리는 방역지침을 준수하며 백신대신 마스크 쓰는 처방으로
일상을 보내고 있어 끝이 보이지 않는다.

살다가 우리가 왜 이렇게 되어 버렸을까?

이 모든 책임과 원인도 분명 우리들에게 있다는 걸
조금씩 깨달아 가고 있다.

조금 더 아끼고,
조금 더 조심하고,

조금 더 함께 하지 못함에 있지 않을까 하는
자성과 함께 나름 깊은 생각을 해 본다.

# 13

# 가을의 낭만속에서

## 가족 패밀리 나들이.

지난 2019년 8월 더운 여름날에
모처럼 세가족이 한자리에 모였다.

서울 도심의 무더위와 복잡함속에서 잠시 빠져 나와
한강공원주변 잔디밭에서 우리가족들이 한자리에 모여
즐거운 시간을 갖어 보았다.

이 사진속에서 찾아 볼 수 있는 것은 무엇일까?
사람들, 멋진 풍광, 가족단위 모임, 푸르른 잔디 등 ....

분명하게
나의 눈과 마음속에서 찾을 수 있는 좋은 느낌은

"평화로운 여유로움 속에서
 우리 가족들만의 Sweet한 행복의시간" 만이 보이는 듯 해
소소한 우리네 일상의 삶속에서 기쁨을 건져본다.

# 14

# 가을의 낭만속에서

## 아들이 좋아하는 GMC밴.

차를 좋아하는 장가간 아들이 이번에는 GMC밴을 샀다.

캠핑카처럼 활용도가 용이하고 고속도로 이용시 버스전용차선이
가능하다고 좋아한다.

이번 추석명절 광주올 때 이용하겠다고 하고 마음 설레인 듯하다.
어제는 가족과 함께 서울 남산가는 코스에서 밴 시승 했는데

정말 편안하고 내부에 TV도 있고 침대처럼 시트가 펼쳐 진다고 한다.
외제차량을 어릴때 부터 좋아하는 아들의 취향은 변하지 않는다.

이제 가정을 꾸려 두아이 아빠가 되어 가지만
특히, 외제차를 좋아하는 마음과 생각은 변하지 않는다.

"오늘을 그리고 지금을 즐기라"는
행복론자의 얘기를 이해하려 노력해 본다.

이 밴을 타고 향하는 그곳마다
세상이 주는 만끽하는 행복의 삶을 살았으면 좋겠다.

# 15

\# 가을의 낭만속에서

# 우리가 웃어야 하는 이유

세상살이가
아무리 힘들고 고단해도
우리 웃어요.

웃다 보면
멈춤없이
흐르는 시간속에.

우리들에게
돈을 주고도 살 수 없는
건강한 삶의 기쁨을 선물하죠.

우리가 누리는 기쁨안에서
우리가 추구하는
진정한 행복을 만나게 되리라.

# 16
\# 가을의 낭만속에서

# 부부는 닮아 간다.

노년을 향한 중장년의 삶이지만

때론
부부가 생각하는 것과 행동하는 것이
늘 닮아 있고 닮아져 가고 있다는 걸 시간의 흐름 속에서 느낀다.

때론
세상을 바라보는 관점의 프레임이
한 방향을 향해 가는 경우가 많아서 그러할까?

때론
밖에 외출할때 차려입은 옷차림도 닮아간다.
우리의 같음의 영역이 참 많아서 그러한지 모른다.

때론
자연스러움과 우리만의 멋스러움이
언제나 일상 가운데 함께 하는 것 같아 서로를 향해 살짝 웃어본다.

# 17
# 가을의 낭만속에서

## 닮아가는 중년부부

우리 부부는
만나서 같이 살아온 36년 이라는

세월 흐름속에서
많이 닮아 가고 있답니다.

웃는 표정도
까만 선글라스도

카메라를 향한 우리의 작은 몸짓도
눈에 잘 보이지는 않지만

서로를 사랑하는 마음도.

# 18

\# 가을의 낭만속에서

# 가을 들녘에서

들녘에 벼가 푸르름에서 황금 물결로 익어가고 있다.
익어가면서 고개 숙이는 있는 벼를 보고 있노라면
우리들에게 많은 생각을 하게 한다.

우리네 사람들은 살아가면서
지식이 쌓여 많아 질수록 지위가 높아져 갈수록
오히려, 하늘 높은 줄도 모르고 쳐들고 사는 사람들이 날로 많아지고 있으니.

우리가 바라보고 있는 들녘의 벼들은
지난 모진 비바람과 태풍속에서도 잘 견뎌내고 굳굳하게 지켜내어
사람들에게 없어서는 안되는 양식을 제공하려고 준비하고 있다.

세상의 변화 흐름속에서
대다수 젊은이들은 쌀밥보다는 패스트푸드 음식을 좋아해 쌀 소비량이 날로 줄어
설자리를 잃어가고 있는 차가운 현실속에서

시골마을 농부들의 깊어가는 마음을 누가 알겠는가?
날로 초고령화 사회로 달려가 가고 있기에 농촌 풍속이 급속히 바뀌고
이제는 사람이 아닌 기계가 농부의 모든 역할을 대신해 가고 있으니.

누렇게 익어가는 황금 물결속의 벼들을 보고 있노라면
날로 우리들의 느낌들이 새롭게 달라져만 가고 있는 농촌의 풍광속에서
아쉬움의 감정을 애써 드러내 본다.

# 19
\# 가을의 낭만속에서

## 수만리에서 바라 본 해녘

가을이 다가오고 있는 늦여름 해녘에
화순수만리 커피점에 홀로 서있다.

멀리 바라보는 석양하늘 구름속에서
오늘의 마지막을 알리는 형상을 만들어 내고 있다.

짙은 먹구름속에 찬란하게 밝은 빛을 드러내는
멋스러움을 배경삼아

지금까지 살아온 삶을 되돌아 보면서
소리없이 되새김질 해 본다.

당당하게~ 순탄하게~ 멋스럽게~ 행복하게~
살아온 내 인생이 맞는가?

이 질문에 답이라도 하듯이
순간 "당신 멋져" 라는 소리가 수만리언덕에서 들려오는 듯하다.

해녘의 멋스러움에 취해서 잘못들은 나의 환청일까?

# 20 / # 가을의 낭만속에서
## 대칭의 아름다움

가을이 익어가는 석양 무렵
담양 제방천 풍광을 렌즈에 담았는데

대칭이라는 멋스런 각을 보여 주고 있어
자연의 멋스럽고 아름다움의 풍광을 더하다.

우리 인생의 삶도 대칭의 각처럼 살아 갈 수 없을까?

어쩌면 살아가다
어떤 일이 갑자기 생긴다면

또 다른 각의 인생이 있어 이를 대신해 준다면 얼마나 좋을까? 라는
나름 상상속의 나만의 생각을 해 본다.

불가능할까?
불가능이란 없기에 우리가 어떤생각을 하느냐에 따라 달라지겠지.

믿는다.
나는. 나를......

# 21
\# 겨울의 차가운 바람속에서

# 밤에 산책이 주는 선물

오늘도 많은 생각을 하며 하루를 보내고 있는 나.
보다 건강하게 오래 살수 있기를 바라보면서 아내와 함께 매일 광주천변 걷기운동을 한다.

문득, 밤하늘을 쳐다 보는 여유함 속에서
둥근 달님과 유난히 빛나는 별님들을 나에게 선물로 안겨준다.

늦은 밤하늘이지만 아직도 낮에 놀던 하얀 뭉게구름이 피곤하지도 않은 지 지금도 같이 놀아 주고 있는 듯하다.

그래서 그러한지 달님이 순간 외로워 보이지 않아 좋아 보인다.
우리 인생도 살아가면서 터놓고 모든 얘기하면서 고민도 숨김없이 꺼내어

서로 위로하고 위로받을 수 있다면 얼마나 좋으련만 현실적으로 홀로 고민하고 힘들어 하고 있으니 안타까운 마음이 앞선다.

그러나, "나만이라도 오늘 밤 달님처럼 낮에 놀았던 하얀 구름들이 어두운 밤이 되어도 같이 있어 주는 정 많은 친구가 있으면 얼마나 좋을까?" 라고 생각해 보는 밤이다.

지금, 우리가 살아가고 있는 세상은 코로나19로 내 마음대로 사람들을 만나지도 못하고 외로움과 우울한 감정 속에 갇여서 지내고 있는 안타까운 시간들을 보내고 있다.

어서 빨리 모든 사람들이 어떤 곳이라고 찾아가 만나서 세상 사람들과 격이 없이 "호호하하" 호탕하게 웃으며 거리낌이 없이 지내고 싶다.

오늘 밤 우리와 함께 하고 있는 달님이여! 도와주소서.
이 땅에 하루빨리 평안함을 누리려는 우리들의 갈급함을 들어주는 선물을 주소서….

# 22

\# 겨울의 차가운 바람속에서

## 멋진 인생을 힘껏 노래하자.

오늘에야 알게 되었네. 나의 생각이 내 인생을 소리 없이 끌고 가고 있다는 것을.
지나간 삶에 대해 탓 만하고 후회하며 살아가고 있지만
진정한 우리네 행복은 오늘, 지금, 나의 생각속에 있다는 것을.

이제야 알았네. 그렇지만 늦지만은 않았다고 생각해 본다.
세월이 주는 나이테 속 내가 아닌
마음 먹은 대로 정해지는 생각의 나이가 있다는 것을 새삼 알게 되었네.

우리네 인생을 자기 의지대로 잘 살아가려 하지만 만만치가 않네.
생각의 나이로 청춘처럼 행동해서 늘 좋은 일들을 만들어 가고 있으니
이러한것이 잘 살아 가고 있는 멋진 인생이 아닌가?

소리 없이 훌쩍 지나가고 있는 시간 속에서 인생의 허무함을 느낄지도 모르지만
우리는 이대로 머물 수만은 없다. 지그시 눈을 감고 생각해 보니
잊지 못할 지난날 속에서 지울 수 없는 진한 흔적들을 찾아낼 수가 있었다.

봄날에 들녘에서 나물 캐는 아낙네의 바구니가 넘쳐 나듯이
곰곰이 생각해 보면 우리 삶 가운데 감사해야 할 것들로 넘쳐 나고 있다.
우리 인생이 헛되게 살지 않고 있다는 걸 새삼스레 느껴 본다.

진정한 나만의 작고 소소한 행복을 알아 가게 하네.
지금 모든 것이 우리 생각과 마음속에서 결정된다는 것을.
두메산골 십남매 막내 아들로 태어나서 청년의 때 장흥에서 공직생활하면서

눈길 가는 한 여인을 만나, 달이 떠 있는 시골 하천뚝방에서 사랑을 고백해서
지금의 아내와 가정을 이루었다. 세월 흐름속에 아들과 딸이 결혼을 해서
지아/지온/이안/나은이 네명의 손녀손자 행복바이러스 보따리를 안겨준 덕에

날로 날로 얼굴엔 웃음만이 더해 가고 마음엔 날로 날로 행복만이 더해 가는
것 같다.
인생 가운데 40년 세월 공직의 삶도 잘 견뎌내어 명예롭게 마무리하게 하고
이제는 대학캠퍼스에서 젊음이들과 함께하는 지금의 시간들이
나를 더욱 젊게 만들어 가고 있다.

이제 세상속에서 새로운 사람들을 만나면서 행복을 만들어 가고 삶의 보람도
찾고 생활의 즐거움도 만끽하는 인생을 거침없이 나아가고 있어 좋다.
이런 행복감이 일상의 삶 가운데 나의 벗 되어 곁을 떠나지 않고 늘 함께하니
정말 좋다.

아! 누가 인생을 저무는 석양속에서 덧없다고만 했는가?
이제라도 지금부터라도 좋은 사람들을 만나, 정겨운 얘기만 나누고,
좋은 생각속에서 기쁜 일들만을 만들어 가는 멋진 인생을 살아가 보자.

우리 인생은 녹화도 안되는 생방송 같은 순간들을 보내고 있는 인생이지만
우리에게 허락된 인생의 한정된 시간표 속에서
다시 인생을 새롭게 만들어 가보자

저녁 석양에 지는 해가
구름과 함께 그리고 있는 그림이 환상적이고 아름답기만하다.
세월이 소리 없이 흘러가도 기억될 우리들의 인생아.

우리들 각자에게 정해진 한정된 시간표대로 모든 일정을 다 마친 후
이 땅에 우리들의 모습들이 보이지 않을지라도
누군가의 기억 속에서라도 되새김질 하는 멋진 인생이 되려 한다.

# 23

\# 겨울의 차가운 바람속에서

## 2020.12.24.
## 크리스마스 이브.

모든 사람들이 성탄 이브날이 되면
숨어있던 나만의 어린 감성들이 되살아 나기도 한다.

그래서

우리 부부도
주택 부근에 있는 갤러리24카페를 찾았다.

카페에서 케익에 촛불을 켜고
이 밤 성탄이브가 주는 이 낭만분위기에 취해본다.

멋진 갤러리 카페에서 둘만의
커피타임의 행복한 시간속에서

서로에게
마음속의 하트를 날려 본다 .

이 순간

우리부부의 감성은
글로 표현하기 어려울 정도로 너무 좋았다.

# 24 / # 겨울의 차가운 바람속에서

## 2020년을 보내면서

우리는 어려움을 겪어 봐야 그 어려움의 깊이를 안다고 하는 옛날 속담처럼 우린 금년 한해 많은 아픔과 고통을 느끼고 견뎌내며 2020 끝자락까지 왔다.

그래도 행복한 사람이라는 걸 늘 잊지 않고 묵묵하게 홀로 보내는 시간속에서 늘 감사함과 행복감 속에서 살아가고 있음을 느끼는 소중한 시간들이었다.

대학수업도 비대면 영상으로 95명 학생들을 얼굴 한번 보지 못하고 종강해야 하는 아픔과 사회적기업 SE프로과 청년창업 멘토로서, 퍼실리테이터 역량강사로 활동들이

제한되고 통제되는 상황속에서도 영상을 통해 나름 활발한 움직임이 있어서 깊은 행복감을 느끼며 지내 왔다.

생각이 우리의 모든 상황들을 리딩하듯이 금년초에 세운 계획에는 흡족하지는 못했지만 그래도 나름 "Officeless Worker"로서 쉼없이 달려왔던게 감사하다.

부족함이 많은 자아(自我)이지만
내생애 누군가를 위해 교육하고 코칭하고 멘토링한
일상의 시간들이 내삶의 역사가 되었다.

지금까지 나의 삶이
알차고 잊지못할 아름다운 추억의 족적들을

쉼없이 남겨오고 있고 앞으로도 해야 할 일들을 생각하면
새삼 설레고 마음 한켠에 푸듯함이 느껴져 온다.

2021년에는 백신에 희망을 품으며 막힘이 없는 활기찬 활동을 기대해 본다.

# 25

/ # 겨울의 차가운 바람속에서

## 2021년 1월 제주여행

한해가 시작되는 1월에

어려운 코로나 상황속에 움직임이 힘든시기 이지만
우린 용기내어 제주여행을 떠났다.

서귀포 금호리조트에서 머물면서 여느때보다 일찍 잠에 깨어서
해돋이 풍광도 보고 산책을 하고자

서둘러서 아내랑 해안가를 찾았다.

마침, 찬란하게 떠오르는 아침 해돋이 광경을
나의 카메라 렌즈에 담았다.

왠지 이 사진을 보면
기분이 좋아지고  마음도 밝아져서 좋다..

날마다 이런기분으로,
하루를 시작한다면

올 한해도 좋은 일들이 많이 생기리라 믿어 본다.

# 26
\# 겨울의 차가운 바람속에서
## 아름다운 바닷가 풍광

제주의 아름다운 바닷가 풍광을 휴대폰 카메라 렌즈에 담았다.

풍광속에 보이는 두개의 등대가
밤이 되면 환하게 바다를 밝혀 오고 가는

배들의 움직임에 어려움 없도록 안내역할을 하려고 기다림속에 있는 것 같다.

또한, 하늘의 뭉게 구름들이 짝을 지어 달리기라도 하듯이 하늘을 가득채우며 앞을 향해 흘러가고 있는 듯 하다.

이들이 멈추는 구름의 종착점은 어디일까?

혹시,

흘러 가다가 만나고 싶고,
보고 싶었던, 좋아하는 님이 나타난다면

반가움의 괴성을 지르며 그것도 부족해 발을 동동 구르듯이 멈추겠지.
그들의 이런 모습들을 보고도 싶다.

순간 부질없이 상상해 보면서
하루의 일정을 어둠과 함께 마무리해 본다.

# 27
\# 일상의 소소한 삶 현장속에서

# 하루 일상을 시작하면서

오늘은 집부근 신세계백화점 사거리 IZZO카페를 찾았다.

 코로나 상황 속이라 카페에 사람이 없는 편인데  오전 타임이라 사람이 더 없는 것 같다.
이런 상황이  카페에서 흘러나오는 클래식 잔잔한 음악과 함께 내가 외딴 무인도 섬에 홀로 남아 있는 듯한 기분 좋은 착각을 하게 한다. 따뜻한 아메리카노 한잔의 커피향 속에서 오늘을 또 시작해 본다.

 오늘도 어제와 똑같은 날처럼 느껴지지만 무언가 달라 있는 오늘이지만 우리는 이런 다름을 감지하지 못하고 살아 가고 있는 듯하다. 그래서 모든 사람들이 대부문 어제처럼 오늘도 무작정 살아가려 할까? 라는 나만의 질문을 던져 본다.

 분명한 것은 오늘은 어제와 다르다.  오늘만의 새로운 일상의 삶을 기대하며 살아가려고 최선을 다하는 사람이 멋진 사람이고 멋진 인생을 살아가고 있는 것이다.

오늘은 이번주 목요일부터 이틀간 광주시 공무원교육원에서 6개월 초급간부 리더 장기 교육과정중에 있는 역량교육을 하게 된다. 강의 준비를 철저히 해야 교육생 앞에 자신감을 가지고 열정적으로 코칭과 피드백을 하는 퍼실리테이터(Facilitator)가 되고자 주어진 모의과제를 이해하고 세부적인 진행시간안도 작성해 본다.

우리가 연초에 세운 신년 목표라든가 다가올 계획들을 차질없이 달성하기 위해 차분하게 미리미리 준비하며 행동으로 실천하는 삶은 어떠한 삶이 될까? 기대와 함께 나름 상상해 본다.

아름다운 삶이고 여유있는 삶이 될 것이고 바람직한 삶이고 알찬 삶을 누릴 것이고 후회 않는 삶이고 함께하는 이들에게 피해 주지 않는 보람된 삶이 될 것이고 나로 인해 기쁨을 줄 수 있는 멋진 삶이고 두려움을 해소하고 물리칠 수 있는 용기있는 삶이라고 생각된다.

난, 오늘도 다가올 일들에 대해 세심하게 준비하면서 준비한 만큼 이후 성취한 보람의 기쁨들을 미리 상상해 본다. 언제나 우리는 순간 순간 흘러가는 시간속에 새로운 삶의 진리를 만들어 내곤 한다.

우리 모두가 "생각 속에 머무는 것이 아니라 작고 소소한 것 일지라도 무시하지 않고 조금씩 조금씩 행동으로 옮기려는 실천적인 마음들이 모여질 때 우리들의 삶은 놀라운 변화를 하게 되고 이로 인해 기대 이상의 행복한 삶을 누리게 될 것이다.

하루를 시작하는 이 아침에 그 어느때도 하지 못했던 놀라운 실천적인 생각들을 떠올려 보며 이런 시간속에 소소한 나만의 기쁨과 행복감을 갖게 한다.

그렇다. "우리가 어떻게 생각하느냐"에 따라 "어떤 관점으로 바라보느냐"에 따라 세상이 달라지듯이 그동안 보지 못했던 새로운 것들도 발견하게 될 것이다. 오늘을 어제와는 다른 생각으로, 더 진지하게, 더 차분하게, 더 조용하게 시작해 본다. 오늘은 다시 오지 않는다는 사실과 함께 오늘은 어제 죽은자들이 그렇게 기다렸던 내일이었다는 사실도 기억해 본다.

# 28
# 일상의 소소한 삶 현장속에서

## 김이안 돌 이야기

우리 삶은 태어나서 성장해서 직업을 갖고 그 안에서 삶을 꾸려가고 있는 것 같다.
오늘은 참 의미있는 날이고 축복 받은 날이기도 한다.

우리아들이 성장해서 서울 벤처기업에 취업하고 결혼해서 아들을 낳았는데 벌써 1년을 맞이하는 첫 돌행사를 하게 된다.

그동안 서울에 있는 S특급호텔을 이용한다는 것은 부유층만이 이용하는 우리와는 전혀 상관없는 장소로 여겼는데 우리아들이 통크게 S특급호텔에서 하겠다고 한다.

처음에는 "뭐야" 놀라기도 했지만 한번 태어난 인생인데. "왜 우리는 이런 호텔에서는 안되는 것이지?" 이에 반문하면서 아들이 계획하고 있는 그곳에서 하기로 했다.

왜 그랬을까 ?

우리는 도전이라는 말을 듣기도 하고 직접 도전의 체험도 하면서 살아간다.
오늘은 우리 가정도 S특급호텔을 이용할 수 있다라는 도전을 시도한 것이다.

이러한 우리들의 생각속에서 행동으로 옮긴 우리가 느꼈던 것은
정말 화려하고 좋은 분위기속에서 친가와 외가 모두 12명이
행복한 순간들을 만끽하여 기억되는 시간들이었다.

이 호텔에서 나오는 음식들은 다양했고 정말 고급스러웠고 맛깔스러워 좋았다.
지금도 잊혀지지 않는다.

그때 그곳에서
그 맛과 그 짜릿한
그 행복감을...

# 29
\# 일상의 소소한 삶 현장속에서

## 그대는 무슨생각에 잠겨 있나요.

그대는

지금 이 하루가 시작되는 동녘에 무슨 생각에 잠겨 있는가요?
부족함이 많은 나를 만나 지금까지 내곁에서 지켜주고.

언제나 이해해 주었고,
언제나 배려해 주었고,

언제나 지금까지 변함없이 날 진정으로 사랑해 주었지요.

모처럼 공직졸업여행을 북유럽으로 여행와서 외딴 바닷가를 찾은 이른아침에 떠오르는 태양속에서 지난 삶을 순간 되돌아 보았소.

이곳 둘만의 시간속에서
"그동안 나와 함께한 당신에게 진정으로 마음 다해서 감사함을 전해 봅니다."

쉽게 말할 수도 있는 데 쉽게 못하고 있는 표현이지만
"여보, 온 마음 다해 진정으로 사랑하오"

그리고 " 고맙소"
이 마음을 내 깊은 곳에서 부터 전해 봅니다.

# 30
\# 일상의 소소한 삶 현장속에서

# 임지아 만의 멋

세상에 이보다 더 예쁜이가 그 어디에 있을까?

하비 눈에는 이미 콩깍지가
씌워져 오직 지아만이 예쁘다.

네가 이 세상에
태어난 2015년 순간부터
지금까지 너와 함께하고 있단다.

지금도 아니 앞으로도
영원히 널 사랑 한단다.

앞으로도 이렇게 더 성장하길 바래본다.

- 더 영특하게
- 더 지혜롭게
- 더 건강하게
- 더 예쁘게 말이다.

# 31

\# 일상의 소소한 삶 현장속에서

## 동심은 알수가 없다.

할아버지인 나의 생일을 축하하고자
서울 딸집에 우리 세집 식구가 한자리에 모였다.

케익에 촛불을 켜고
축하송을 케익을 향해 다같이 부른다.

생일 축하송이 끝나고 촛불 끄기는
주인공인 나에겐 기회가 오지 않는다.

손자손녀인 지아/지온/이안이 세명이서
콧바람과 함께 먼저 끄고자 정신없다.

아이들 마음인 동심은

어른의 마음으로는
이해 안될 때가 많다.

순간, 자기욕구대로 행동하는
청순하고 순수한 모습과 행동이

얼마나 아름다운가요.

# 32
# 일상의 소소한 삶 현장속에서

## "김.정.대" 이름처럼
## 살아가고 있는가 ?

"김정대는 누구일까"?
그에 대한 답은 많은 세월 흐름속에서 알게 되었다.

바로 "공명정대하게 살아가라"고 지어 주신 소중한 이름이라는 걸
이제라도 고귀한 이름의 뜻을 믿고 싶다.

나는, 오늘도 어제와 같이
환하게 웃는 모습과 "나는 할 수 있다"라는 자신감을 안고 하루를 시작해 본다.

새로운 일들은 언제나 우리 앞에 변함없이 다가오지만
이를 두려워 하지 않고 청년의 도전하는 마음으로 임하고 있다.

나를 포함한 우리 모두가
지금까지 이름처럼 부끄럽지 않게 당당하고 정의롭게 살아왔는가?

이런 물음 앞에 고개를 떨꾸며 순간 침묵으로 일관해 본다.

나름, 그래도 성실하고 정직하게 이타적(利他的)가치도 추구하며
착하고 선한 마음으로 살려고 애써 왔는가에 나자신을 체크해 본다.

나라는 사람. 김 . 정 . 대
앞으로 남은 삶가운데에서도 이름에 누가 되지 않도록

멋진 생각을 가지고  새로운 사람들을 만나고
새로운 일들을 하며 살아 갈 것이다.

결국.
서로에게 도움되는 삶이 되도록 좋은 생각과 긍정의 마음을 가져본다..

# 33

\# 일상의 소소한 삶 현장속에서

# 저 세상에 계시는 부모님이 보고 싶다.

왠지. 오늘은 누군가를 향한 보고픔이 짙어져만 간다.

금년초부터 사람들과 만남들이 제대로 이루워지지 못한 공허함 속의 주변환경 탓일까
그분들이 내곁에 떠난 시간들이 오래되어 가고 있기에 그러할까?
아무튼 눈가에 눈물방울이 맺는 보고픔이 오늘 따라 더해 간다.
그분들은 누구일까?

바로 나를 이 세상에 멋있게 살아가게 하시고 본인들은 모진 고생과 힘들게 세상을 사셨던 나의 아버지(故. 김한철)와 어머니(故. 주양광)이시다.

# 34
# 일상의 소소한 삶 현장속에서

# 후리지아 향기속에서 맞이하는 하루

　나는 오늘도 어김없이 백팩을 매고 집을 나선다. 출근하는 사람처럼 말이다. 늘 우리 아내는 조용한 2층 리모델링한 집에서 보내지 마냥 밖으로 나간다고 말을 흘린다. 그래 나는 아내 말처럼 왜 집에 있지 않고 밖으로 나서는가.
그 이유는 어디에 있을까?

　나도 모르겠다. 그러나 분명한 것은 집안과 집밖의 차이는 모든면에서 비교해 볼 때 크다고 본다. 생각하는 차이와 생각하는 감정의 폭이 다르다는 것이다.

집이란 원래 내마음대로 하는 편안한 공간이라 생각하기에 우리가 목표를 정하고 계획대로 추진하려 해도 이내 몸은  편안함과 안일함만을 반응하고 유혹하게 되어 무력해 질때가 많다.

2021년도 벌써 3월 봄을 맞이하고 있는 시점에 있다. 뉴스를 보면  지난해 이어 올해도
여전히 코로나 확진자 소식과   AZ / 화이자 백신접종으로 국민들의 마음을 흔들고 있다.

나는 오늘도 광천동사거리 신세계 백화점 부근에 있는 IZZO카페를 찾았다. 이곳을 내가 좋아하는 이유가 있는데  이곳은 오전에는 나 혼자만이 손님이다.

 주로 주변 직장인들이 테이크아웃해서 가는 사람들이 많아 카페 매장에는 덩그러니 늘 혼자이다. 요즘처럼 사회적 거리두기로 사람이 많은 곳은 피하는 시기라 더욱 나에게는 이런 장소가 나에겐 딱이다.

 오늘도 카페 입구에 후리지아 노란꽃이 향기를 품으며 나를 반겨 준다.
그래서 그냥 지나치지 못하고 핸드폰 카메라로 반가운 마음을 공감하듯 촬영해본다.  아메리카노 커피 향기 속에서 오늘도 하루를 시작해 본다.

나는 누구인가?
나는 지금 여기서 어떤 생각을 하고 있는가?
나는 잘 살아 가고 있는가?

나는 지금 다가올 내일을 위해 준비하는 사람인가?
나는 오늘도 행복을 찾는 파랑새가 아니고 행복을 만나는 사람인가?
나는 모든 사람을 차별없이 아낌없이 사랑하는 예수님과 같은 사람인가?

창밖의 지나가는 자동차가 경적을 울리며 속도를 내고 달린다.
어디를 향해 그렇게 바쁘게 가려하는가?
그 곳은 어디인가? 거기서 누구를 만나려는 지.

거기서 어떤 생각과 무슨 일을 하려는지 알 수는 없으나
"우리는 정말 앞만보고 달려만 가고 있지는 않는가" 라는 생각을 해본다.

# 35

#일상의 소소한 삶 현장속에서

## 대학캠퍼스에서 비대면강의

벌써 공직에서 졸업하고
대학에서 "자기개발과진로"라는 테마로 강의를 시작한지가 6년이 되어 간다.

2020년 1월부터 코로나로 인해 대학 캠퍼스에서 대학생을 볼 수가 없고 만날 수가 없는 환경속에서, 지난 한해동안 190여명 학생들을 비대면으로 강의를 진행했다.

얼굴 한번 보지 못하고 혼자만의 공간에서 셀카로 강의장면을 녹화하고 이를 유튜브에 등록하여 대학교수학습개발원 사이버강좌에 강의 안을 탑재하여 학생들이 정해진 기간내에 수강하도록 비대면 강의를 진행하고 있다.

20대 초반 젊은이들의 얼굴도 보지 못하고 영상 촬영하여 비대면으로 매주 수업준비를 하고 있는 나 자신을 볼 때 "나는 지금 무엇을 하고 있는가?"에 대한 의구심도 던져 보는 안타까움이 가득하다.

2021년도 1학기와 2학기 내수업을 수강신청해준 이들이 고맙기만 하다.
무려, 오전반 92명과 오후반 83명, 총 175명 대상으로 15주차 비대면 영상수업을 모두 마쳤다.

사람은 만나야 하고 만나서 서로의 생각과 또 다른 감성들을 전하면서 느끼며 새로움을 추구하는 것이 우리들의 일상이자 하루의 삶이기도 하는 데 사람을 만날 수가 없는 세상을 살아간다는 것이 끔직하고 날로 괴로움이 더해 간다.

얼굴도 보지 않고 학생에게 수업을 진행하고 학기말에 성적을 평가하고 부여하는 시간들이 마음이 아파 온다. 그러나 한편 기대도 해본다.

왜냐하면, 온 세상이 AZ백신과 하이자, 모더나 등 백신접종이 시작되어 마음대로 학생들을 만날 수 있는 대학캠퍼스를 생각하면 설레기만 하다.

## 36
# 일상의 소소한 삶 현장속에서

# 세월흐름속에 "1-2-4-10" 가족사진

한 사람이 한 여인인 이혜영을 만나 우리는 두 사람이 되었고,

1985년 4월에 우리는 결혼한 후
든든한 아들 김병국이와 사랑스런 딸 김민혜 두명이 태어나 네명의
가족이 되었다.


그 이후 자녀들이 성장하여
아들이 2016년에 며느리 박건희를 만나 결혼을 하여 손자손녀 이안이와
나은이가 태어났고

사랑하는 딸도 27세 빠른 나이에 사위 임남규를 만나 2013년에 결혼하여
지아와 지온이가 태어나 손자 손녀가 모두 네명이 되었다.

이제는 우리집 가족은 대식구 10명이 되었다.

시간흐름속에 나의 인생가운데
뿌리 공식 "1-2-4-10" 의 새로운 숫자 트랜드가 생긴 것 같다.

우리가족만 보면
세상의 그 어떤 것보다 귀하고 소중한 보배들이어서 부러울게 없는 것 같다.

올해는 우리 아내가 회갑을 맞이하는 의미있는 생일로서
우리 가족 모두가 한자리에 모여 즐거운 시간을 보내고 가족사진을

서울에 있는 한 사진관에서
무려 1시간 30분동안 인생극장을 촬영하듯이 많은 시간이 소요되었다.

이시간 동안 우리가족은 무려 370편의 인생드라마를 촬영하여
우리들에게 잊지못할 영원히 기억될 순간의 장면들을
추억의 선물로 흔적을 남겨 주었다.

무려 370장의 가족사진중에서 10명이 나오는
한장의 이 가족사진을 선택해서

우리집에서 가장 잘보이는 거실에 걸어 놓고
앞으로 살아갈 남은 나의 인생가운데

이 가족사진을 바라보며 희망을 키울 것이며
이 가족사진속에 있는 사랑하는 사람들을 보며 기도할 것이다.

이 가족사진속의
나의 사랑하는 가족들이

매일매일
행복감속에 살아 가도록 도울 것이며

매일 매일
이 가족사진을 바라보며 마음의 대화를 나눌 것이다.

또한 우리를 지금까지 지켜주셔서
평안한 삶을 살아가도록 도와주신 주님께도 감사를 드려 본다.

인생은 내가 생각한대로 된다는 것을 나는 믿는다.
오늘도 좋은 생각속에서

기쁜 일들을 만들어 가면서 행복을 만날 것이다.

# 37 / # 일상의 소소한 삶 현장속에서

## 사랑하는 손자손녀들

나는 매우 행복함을 온몸으로 느낀다.

이 사진을 보면은 구차하게 설명하지 않아도
이 모습속에서

모든 것을 느끼게 하고
말해 주고 있어  굳이 말이 필요 없을 것 같다.


2022년 5월 8일 어버이날에 우리들에게 안겨준 것은
카네이션 선물이 아닌 네명의 행복둥이들의 밝은 웃음과 재롱이다.

나와 우리 아내사이의 4명의 손자손녀들을 보면
우리는 행복이다.

우리는 기쁨이고 즐거움이다
우리는  감사함이다.

우리는  더 바랄게 없을 정도다.

그러나 우리는

이들에게 해야할 과제들이 많이 남아 있다.
우리는 이들을 위해 쉬지 않고

이들의 일상가운데 건강과 행복과 성공을 위해 기도하는 것이다.

# 38

\# 일상의 소소한 삶 현장속에서

## "띵킹디자이너" 김정대에게 묻는다.

나는 누구인가?

나는 왜 이땅에 태어 났는가?
나는 이땅에서 어떻게 살아가고 있는가?


나는 누구인가?

나는 선친께서 지어주신 공명정대라는 뜻을 담은 이름처럼 살아가고 있는가?
나는 이 세상에서 좋은 곳을 찾아 아름답게 그림을 그려가고 있는가?


나는 누구인가?

20대 초에 행정직 공무원이 되어
농촌행정, 도시행정을 두루 섭렵하고
소리없이 흐르는 세월 흐름속에 60대가 되면서 공직에서 졸업을 했다.

이제는 자유로운 영혼이 되어
누구에게 간섭받지 않은 자연인이 되었다.

그렇지만 연륜속에서 셈하고 있는 세월의 신체 나이를 던져 버리고
마음먹은 대로 되는 생각의 나이 33세로 무장하고

20대 푸르른 청춘들이 꿈을 펼치고 있는
대학 캠퍼스에서 교수로 활동을 하고 있다.


나는 누구인가?

제2인생을 살아가면서 가치있는 일을 하고 싶어
한국사회적기업진흥원 사회적기업SE프로로 활동과



지방자치인재개발원과 광주광역시인재교육원 퍼실리테이터로서
후배 6급 5급 공직자 역량교육에 참여하여
공직자의 역량을 키워내고 소통하는 데 조금이나마 힘을 보태고 있다.



나는 누구인가?

띵킹디자이너로서
일상의 삶가운데 문제가 있는 곳에 언제든지 달려가는 동네해결사 역할과

꿈많은 청년들의 고민과 취업 진로 등에
힘들어 하는 이들에게도 다가가는 일을 좋아한다.

그들만이 가지고 있는 비빌스런 사성들을 여과없이 들어주고
함께 생각을 나누는 시간속에

가는 방향을 다시잡아 보기도 하고
새로운 목표와 비전을 향해 달려 갈 수 있는 힘과 동기를 부여하는 일은
나 자신이 더 기쁘기만 하다.

나는 누구인가?

새로운 땅을 찾아  새로운 사람들을 만나  새로운 일을 하는
개척자 정신속에서 살아가는 듯한  나의 모습속에서


김정대 나의 인생~!

누가 뭐라해도
잘 살아가고 있지 않는가에 대해 자문자답을 해 본다.

# 39

\# 일상의 소소한 삶 현장속에서

## 광주에 온 행복둥이들

서울에 사는 딸 손녀손자인  지아 지온이,
분당에 사는 아들 손자 손녀인 이안 나은이가 방학과 휴가철을 맞이하여
광주를 찾았다.

우리가 사는 광주 농성동 주택가 한 골목을 접수했다.

저녁에 삽결삽을 구워 먹기 위해
집부근에 있는 텃밭으로

할아버지 따라서 상추따러 가고 있는 모습들이
정말 귀엽고 예쁘기만 하다.


우리들이 추구하고 꿈꾸고 있는 행복은 어디에 있는가?

지금 내가 생각한 만큼 행복은 나에게 다가온다고 한 것처럼
이번 여름은

내가 정말로 사랑하는 행복둥이 4명과 함께 하는 시간들은

나에게는
돈 주고도 살 수 없는 행복감과 포근한 사랑의 가치를 얻었던 것 같다.

우리집 옥상에서 한가족 10명이 함께 모여
삼겹살 파티를 하면서

나누는 대화와 마주치는 눈빛과
주고 받는 환한 미소속에서

행복을 만들어 내고
서로가 행복을 느끼는 소중한 시간들을 보냈던 같다.


2022년 7월말과 8월초순경 여름의 무더위속에서

우리는 이 더위와 함께
즐기고 기쁨을 나누는 소중하고
아름다운 시간들을 잊지 못할 추억으로 남겼다.

앞으로도
쉬지 않고 흐르고 있는 세월 시간 흐름속에서도
잊지 않고 기억될 것 같다.



지아 지온 이안 나은이 행복둥이 너희들이 있어서
우리는 행복해 하며 감사한 삶을 살아가고 있단다.

이 무더운 여름날일지라도
우리들의 마음은

시원하게 느껴지는 듯해서 정말 좋다.

# 40 / # 일상의 소소한 삶 현장속에서

# 할미도 섬의 멋진 풍광

2022년 8월 뜨거운 여름날에
우리 부부는 신안 자은면에 있는
1004개 섬가운데 무한의 다리를 1004미터 건너서 작은 할미도를 찾았다.

이곳을 찾아 좋은시간을 보내고
광주로 향하는 시간에 뒤돌아 보니
석양의 멋진 바닷가 풍광을 우리들에게 선물해 주었다.


이때 이 순간의 멋스러움을
눈으로 보고 오기에는 아쉬움이 있을 것 같아
핸드폰 카메라로 촬영해서 담아왔다.

며칠지나 이 순간을 그리워하며
다시 이 석양의 아름다운 풍광을 보기만 해도
그 곳의 그 시간 그 때 그 감성들이 되살아 나는 듯하다.


특별히 이번에는
목적있는 단기간의 여름휴가계획을 세우지 않고

 틈틈히 아내가 가고 싶어 가는 핫한 장소들을 찾아 가곤한다.

이렇게 생각날 때 가고 싶을 때
떠나는 가까운 거리의 여름 여행도 괜찮은 것 같았다.

그 결과도 좋은 감성으로 남아
잊을 수 없는 추억으로 쌓여져 가고 있다.

광주에서 신안군 자은면 무한의 다리까지
2시간 넘게 자동차로 달려 왔지만 피곤하지도 않았고

이곳에 도착하자 마자  바닷물이 만조가 되어
바람결에 출렁거리며

우리 부부를  반가히 맞이 해 주는 듯해서 참 좋았다.

행복은 어디에 있는가?

내가 찾아와서 만나는 이곳의 진정한 행복은
돈이  많은  갑부의 마음이 아니라

부유하지는 않지만
소소한 일상속에서

이곳의 멋진 세상을 다 소유하는 듯한 마음이 들어서
이곳에서

내가 세상의 마음의 갑부가 되는 듯해서 좋았다.
자연이 주는 선물,

특히 뜨거운 여름 바다가 주는 이 기쁨을
어떻게 형용해야 할지 모르겠다.


곰곰히 생각해 보니
먼저 내몸이 건강해야 정신도 건강하다는 생각이 문득 든다.

그래서 오늘 이 상태의 젊음을 항상 유지하면서
활발하게 "띵킹디자이너" 로서 활동을 쉬지 않고 하려한다.

나를 필요로 한
그 곳이 어디든지 마다하지 않고 좋은 생각을 가지고 가련다.

# 41

# 일상의 소소한 삶 현장속에서

## 영원함을 다짐하다.

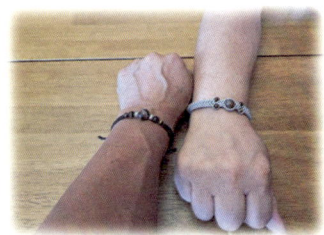

오늘은 주일날로 오전에  교회에서 예배드리고

옥과한우에서 생고기비빔밥으로 점심을 맛있게 먹고 나서
아내 제안으로 담양 뚝방길과 관방제림을 향하여

담양을 향해 달린다.
우리는 이곳에 도착한 후 가벼운 옷차림으로

뚝방길 고목나무아래를 걷고 있는데
나무 그늘아래 수공예 제품 악세사리를 만들어 팔고 있었다.

우리 아내와 나는

각자 취향에 맞는 디자인의 팔찌를 하나씩 사서 팔목에 끼고
담양 금성 산성길에 있는 fineup카페에 들렀다.

이곳 카페는 푸르른 주변 풍광속에
아름답게 지어진 팬션과 함께 카페를 운영하고 있었다 .

이곳에 머물면서 커피마시기전에
우리는 영원함을 다짐하는 약속이라도 하듯이
두팔을 모아 기념사진 촬영을 했다.

이 수제품 팔찌는 의미가 있는 것 같다.
지금까지 잘 살아온 우리 부부 인생가운데 축하하는 팔찌이고
이 팔찌는 질긴 실로 짜서 만든 수공예품으로

앞으로
우리의 부부의 삶도

질긴 실처럼 건강하게 오래 살면서 행복하기를 빌어 본다.

# 42

# 일상의 소소한 삶 현장속에서

## 카페 풍광속에서

오늘 이렇게 담양 금성산성길에 위치한 파인업 카페를 찾았다.

카페 앞 풍광이 아름답다.

뜨락 파란잔디와 파란하늘 아래 텐트들이
서로 조화를 이루고 그래서 그런지 너무 멋지다.

나도 이 풍광속으로 빠져보고자
멋진 포즈로 자세를 여유롭게 담아 본다.

당당함으로 자신감으로 즐거움으로 환한 미소로......

우리가 태어날 때 부터 자기모습이 만들어진 선천적인 경향도 있지만
우리가 인생을 살아가면서 주변환경과 나 자신의 생각속에서
늘 새롭게 만들어져 가는 것 같다.

오늘 난, 나의 자존감을 이 멋진 풍광속에서 키워 본다.

# 43

\# 일상의 소소한 삶 현장속에서

## 초등학교 동창들과 즐거운 여행

우리는 10대때 초등학교를 졸업하고
저마다 가는 길을 향해 떠나가서 헤어졌다

세월 흐름속에서 오랜만에 60대가 되어
동창이라는 이름으로
10월첫날부터 3일간의 목포.홍도.흑산도 여행이 시작되었다.

목포역에 도착하자마자
반갑다고 서로를 부둥켜 안고 어쩔줄 모른다.

무슨말을 해야 할지 정신들이 없었다.

광주남구 대촌에서 사는 한친구가
찰밥과 홍어무침과 김치를 준비해 와서

케이블카 타기전에
한적한 우산각 밑에서 둘러 앉아 맛있게 점심을 먹었는데

밥을 먹었는지 얘기를 먹었는지 알 수 없을 정도였다.

목포를 구경하기 위해 케이블카를 3대로 나누어 타고
도심의 발전상을 한눈에 바라 볼 수 있어서 좋았다.

특히 바다 위를 지나면서 아름다운 장관들을 볼때마다
우리들은 환호성도 외쳤다.

우리들만의 초등학교시절 철없던 얘기들로
박장대소하며 크게 웃어 본다 .

이렇게
초등학교 동창들과 함께하는 시간속에서

목포의 멋진 풍광들을
우리모두가 공중위에서

각자의 마음속에 담아 보며 다들 돌아가
홀로 있을 때
다시 살며시 꺼내어 보며 웃어보리라.

# 44
\# 일상의 소소한 삶 현장속에서

# 둘만의 시간을
# 화순 세량지에서

이곳을 찾았을 때 사람들이 많지 않아서
우리 들만의 시간을 갖는데에는 정말 조용해서 좋았다.

이 세량지 부근을 한바퀴 돌고 나서
그네에 둘이 앉아

20대 연애하던 시절에
내가 늘 불러주었던 노래 애창곡을 부르라 한다.

오늘은 아내가 말한대로

부끄러움도 없이
주저함도 없이 작은 목소리로 시작해 본다.

"별을 따다가 그대 두손에 가득 드리리~"
"내가 왜 이럴까 ~"
"목이 메어 불러 봐도~"

잘 부르지는 못해도 그 시절 옛 생각에 담겨 나름 분위기를 잡아 불러 보았다.

아내도 따라서 작은 목소리로 화음을 넣으면서 같이 불러주어 더 좋았다.

몸은 세월 흐름속에 60대인데 마음은 아직도
20대 청년시기의 연애시절로

잠시나마 복귀하는 듯한 착각 속에서 보내는 순간의 시간들이 참 좋았다~

사랑이란?
행복이란?
기쁨이란?
즐거움이란 무엇인가`?

내가 지금 있는 순간
이곳에서 만족감을 느끼고 누리며

이곳의 아름다움속에서
이곳의 모든 것들을 만나게 되는 것 아닌가.

# 45

\# 일상의 소소한 삶 현장속에서

## 대학교 총학생회 입후보자와 함께

대학캠퍼스 생활 7년차
 오늘은 2023년 호남대학교 총학생회 선거 입후보자와 함께 했다.

오늘 나의 수업시간 자기개발과진로 수업시간 시작전에
7분간의 입후보자 정책을 소개하는시간을 갖도록 했다.

나는 수업시간을 통해서도
대학생활중에 다양한 동아리 활동을 권면하고 있다

그 이유는 이 다양한 동아리 활동을 통해

나의 잠재력과 끼를 발휘할 수 있는 장이 될 뿐아니라
리더십과 대인관계 역량을 키울수 있기 때문이다.

이로 인해 대학졸업후 직장생활과 사회생활속에서
이 활동들을 통해 얻어진 값진 경험과 역량을 발휘해서

보다 남 보다 차별화되고
멋진 나의 삶을 꾸려 갈수 있으리라 본다.

호남대학이 명문대학이 될 수 있도록
학생회 동아리 모임들이 활성화 되어

학교발전에 기여도 하면서
자기자신에게는 활동과정에서 리더십 발휘를 통해

직장과 사회생활에 있어서 많은 도움이 되어
타의 귀감이 되는 사람으로도 우뚝 서리라 기대해 본다.

특히 이 동아리 활동에 관심을 갖는 교수가 있다는 것으로
이들에게 더 가까이 다가가는 관계를 설정하고도 싶다.

호남대학교에 띵킹디자이너 김정대 교수가 있어
이 호남대학캠퍼스에 사람 사는 향기가, 따뜻한 온정이 느껴지는

캠퍼스 한폭의 그림을 그려가고 싶다.

# 46

\# 일상의 소소한 삶 현장속에서

## 행복한 공간 우리집 루프탑

2022년 한해동안 이공간 때문에 나는 무척이나 행복했다.

우리 농성동 주택 옥상을 힐링공간으로 만들어
이용하면서 많은 애착과 정이 들었다

이 곳에서 흐름의 시간속에서 잠시 멈추는 활동속에서
이 공간에서 느끼는 감성들을

매일 매일 이용하면서 마음에 저축해 가고 있다.

이곳은 바쁘게 살아가는 우리들에게
잠시나마 쉬게하면서 우리를 행복하게 만들어 주고 있다.

그런데 시간흐름속에 벌써 겨울이 왔고
첫눈이 6센치 정도로 소복히 내렸다

하얀눈위에 나의 발자국을 남겨 보며
첫눈을 우리집 루프탑에서 맞이했다.

크리스마스가 다가오고 있어 눈오기전에
트리 불빛을 연출하고자 항아리 밑에

수많은 작은 조명불을 켰는데 너무 아름다웠다.

이곳이 우리가 사는 다정한 우리집이다.

단독주택 2층집이
살아 갈수록 정이 든 멋진 우리집이 되어주고 있다

이곳은 함께 하는 이들이 좋아하는 루프탑으로
하늘이 주는 선물을 늘 받고 있는 우리집이다

나는 노년의 삶을 이곳에서

말없이 소리없이 조금씩 꾸며가며
같이 인생을 살아가려 한다.

# 47
# 일상의 소소한 삶 현장속에서

## 동네소식지에
## 우리집 소개되다.

# 〞도시재생사업 덕분에 하루하루가 늘 즐거워요~〞

정성 들여 가꾼 식물로 꾸며진 대문을 넘어서니 농성1동 주민 김정대 씨가 웃으며 맞이해줬다. 도시재생 사업덕분에 늘 감사한 마음으로 살아간다는 김정대 씨의 이야기를 들어보았다.

방수 공사를 하기 전의 김정대 씨의 주택은 특별할 게 없었다. 집을 꾸미고 싶어도, 노후된 주택을 보면 어디서부터 손을 대야 할지 막막하기만 했다. 옥상 바닥의 잔 균열들을 보며 방수 공사를 하리라 다짐을 하면서도 만만찮은 시공 금액에 다시 마음을 접길 여러 번이었다.

**"집수리 지원 사업이 시작이었어요."**

가끔은 아파트로 이사를 갈까 생각이 들기도 했지만, 도시재생 집수리 지원 사업에 선정되어 옥상 방수 공사와 계단 안전펜스 공사를 진행한 후 생각이 바뀌었다. 이전과 달리 깔끔해진 옥상에 이 공간을 활용해야겠다는 생각을 한 김정대 씨. 도시재생사업으로 시작된 집 꾸미기. 김정대씨의 집이 어떻게 바뀌었는지 살펴보자.

우선 2층 발코니에는 조그마한 탁자와 나무의자를 둬 손님과 함께 차를 마실 수 있는 공간을 조성했다. 또한 야간에는 발코니의 양쪽 끝에 설치한 색색의 우산 사이에 이어진 알전구들이 빛나 감탄을 자아낸다.

특히 옥상은 눈에 띄게 변모했다. 방수 공사 전에는 위험하기도 하고, 미관상 좋지 않아 자주 올라가지 않는 공간이었다. 하지만 방수 공사 이후 양동시장에서 산 인공잔디를 깔고 나니 옥상정원이 탄생했다.

평소에는 사람들을 초대해 차와 담소를 나누는 공간인 옥상정원은 어떤 오브제를 두냐에 따라서 다양하게 활용할 수 있다. 사진 작가가 찍은 작품들과 명인이 만든 도자기를 올려두면 작은 전시관이, 돗자리와 텐트를 설치하면 나만의 텐트장이, 간이 수영장에 물을 채워놓으면 아이들이 즐겁게 놀 수 있는 수영장이 된다.

도시재생사업 덕분에 애정을 가지고 집을 가꿔나갈 수 있었다는 김정대 씨. 다른 주민들도 이번 기회에 자신만의 집을 가꿔 농성1동이 특색 있고, 사람들이 찾아오고 싶은 마을이 되었으면 좋겠다는 소감을 밝혔다.

밤이 찾아오면 김정대 씨의 옥상엔 아름다운 별빛이 내려앉는다. 도시재생사업과 주민이 함께 발맞춰 꾸며낸 옥상이기에 더욱 값을 매길 수 없는 아름다움이 있다.

우리가 살고 있는 이곳은 벚꽃마을 농성동
도시재생사업지구로 정부지원사업 대상지역으로 선정되었다.

그래서 주택을 정비하는 지원사업이 시작되어
우리집은 옥상 방수하고 벽면 페인팅하고 계단에 안전 헨스를 설치하였는데

이로 인해
주택생활이 좋아지게 되고 편리 해져서
늘 함께 하는 시간들이 이곳에서 늘어나게 되었다.

특히 옥상에 방수하고
이 공간을 활용하게 되어
우리만의 힐링장소인 카페공간으로 변신하게 되었다.

이러한 우리의 일상이 2023년 1월호 벚꽃마을 농성동 소식지에 게재된다고 한다.
취재한 작가분이 미리 확정된 원고 내용을 보내 오셨다.

지난 12월초에 이곳에서
커피 한잔속에 인터뷰하고 촬영한 내용들이 정리되어 소식지에 실리게 되었다.

정말 기쁘다.
2022년 한해를 보내면서
우리집이 도시재생사업 우수사례로 소개되고
우리집이 알려지게 되어서 그렇다.

다가오는 2023년에는 이곳이 더 핫한 공간으로 거듭나도록
새로운 생각을 담아  멋진 창작공간으로 탄생하도록
하나하나 꾸며 나가면서

이 곳을 이용하는데 효율성과 만족도를 높이기 위해
새봄이 되면 다육이와 예쁜 꽃으로 항아리들과 어울리게 하고

여름이 되면
이곳이 시원한 공간으로
특히 밤이 되면 밤하늘에 별을 헤아리는 공간으로 만들고 싶다.

가을이 오면 텐트를 치고 캠핑공간으로 낭만을 만들어 가고
겨울이 다가오면 눈내리는 설경속에서

고구마도 구워 먹으며 따뜻한 커피로 온기를 품어
늘 함께 하는 사계절 공간이 되도록 연출하고자 한다.


사람들이여.
이곳은 누구나 찾아오는 동네 사랑방 공간처럼

누구에게도 차별받지 않은 공간이 되도록 하고자 한다
편하게 찾아오는 이들에게 직접 커피도 내려드리고

따뜻한 마음을 전하려 한다.

# 48
# 일상의 소소한 삶 현장속에서

## 12월 25일
## 메리 크리스마스

2022년 12월 25일 메리 크리스마스에
엄청 많은 하얀눈이 내렸다.

덕분에 화이트 크리스마스를 맞이 할 수 있어 좋았다.


우리 농성동주택 대문에 반짝이는 예쁜 등을 켜고 있는데
하늘에서는 함박눈이 소복히 내리고 있어 마음도 설레인다.

우리 아내랑
우리집에서 케익에 촛불켜고

예수님 탄생을 축하하는 시간속에서
둘만의 시간이었지만 그래도 참 행복했던 것 같다.


가까운 백화점과 카페에 들러서
우리 둘만의 성탄절 추억을 남겼다.


시간흐름속에서 찾아온 2022년 크리스마스
지금 머물고 있는 순간 그대로

지금 우리의 모습이대로,
꾸밈이 없이 이대로 맞이하면서

건강함속에서 행복만을 만들어 가고 싶다.

# 49

\# 일상의 소소한 삶 현장속에서

# 건강한 삶을 위하여

나 자신의 행복과 건강을 위해
실천하고 행동으로 옮기려는 신년계획을 세웠다.

그중에 제일 1순위가 건강을 지켜 활기있는 생활이어서
이를 위해 제일 먼저 수영을 시작했다.

수영을 했던 시작점은
2018년에 시작하여 2019년까지 매일 열심히 했는데
코로나19로 인해 2021년부터 2022년까지 2년간 수영을 하지 못했다.

새해 1월 2일부터 6개월 정기회원권을 구입하여
수영을 시작했는데 너무나 좋았다.

그동안 혼자만의 시간을 주로 보내면서 우울증 증상도 겪으면서 힘들어 하고
특히, 가까이 있는 아내에게 사소한 것에서도 힘들게 했던 시간들이 있었다.

그러나 새롭게 시작한 수영을 통해
일상의 삶에 있어 새로운 활기를 찾아 가고 있어 참 좋은 것 같다.

2년간 쉬었던 나의 몸에 대해 매우 걱정을 했는데
처음으로 수영장에 몸을 담그는 순간 몸은 기억하며 살아 있었다.

발차기 두바퀴 하고 자유형을 시작했는데 놀랍도록
바로 자유형 폼세에 따라 수영을 종전처럼 할 수 있어서
나 자신도 새삼 놀랐다.
이제 함께 하며 수영을 같이 할 반을 선택하고자 관망하고 있다.

종전해 교정반에서 같이 했던 친구들은 벌써 연수 2반까지 올라가
사람들은 옛적 친구들이지만 수준은 차이가 발생하여 나는 상급반
교정반을 찾아서 이번주에는 나의 몸을 테스팅하고 결정하려 한다.

이렇게 수영을 통해 몸도 살리고 정신건강도 살리고 나의 삶도 살리고
모든 것을 살리고 있는 듯 해서 수영해서 얻을 수 있는 많은 것들을 깨닫게 한다.

앞으로 쉬지 않고 꾸준히 하려한다. 나의 모든 것을 위해......

# 50

\# 일상의 소소한 삶 현장속에서

## 좋은 생각속에 기쁨을 많이 경험하리라.

# 새해가 되면서
제일 먼저 나자신의 소심한 성격과 코로나 시기를 거쳐오면서 닫혀 있었던

마음 때문에 아내에게 살갑게 다가가지 못하고
말끝마다 퉁명스럽게 말을 건넸던
나 자신을 반성해 본다.

좀 더 이해하고, 좀 더 기다리고
좀 더 참으며 좀 더 생각을 깊게 하려고 한다.

서로 주고 받는 언어속에
사랑을 담고, 마음을 담아서
남은 인생을 진심의 대화로 풋풋함속에서 지내려 한다.

# 다음으로 나 자신의 건강한 몸관리를 위해
2년간 멈추었던 수영을 다시 하고자

1월 2일에 6개월 정기권 등록을 하고
매일 매일 꾸준하게 수영을 하면서 체력을 증진시키고자 한다.

그리고 토요일이 되면
등산도 아내와 함께 가까운 산부터 빠지지 않고 하면서
쇠약해져만 가는 근력도 키우고 아내랑 가까이하는 시간들을 늘리면서

내 자신을 새롭게 추수리고 싶다.

# 셋째로 혼자있는 시간속에 익숙해 버린 일상을
훌훌 떨쳐 버리기 위해
청년창업 멘토링과 사회적기업 SE프로 로서 적극적인 활동과

공직자들을 대상으로 한 역량교육 퍼실리테이터 활동을 강화해 나가면서
소소한 일상의 삶에서 활기가 되살아나도록 하겠다.

이러한  다양한 사회활동과 많은 사람들과의 관계속에서
소소한 행복을 찾아서 만들고자 한다.

# 넷째로 믿음 신앙생활도 변화를 주기 위해서

마음을 새롭게 하고
주님 말씀을 묵상하고
늘상 기도하는 것을 생활화하고자 한다.

이로 인해
주님이 좋하하는 기뻐하는 뜻을 향해
분별하며 살아가고자 한다.

이러한 나의 영적인 삶을 통해
매일 기쁜 일과 행복한 일과 감사한 일들이 가득하리라 본다.

**#** 마지막으로 대학캠퍼스 생활도 벌써 8년째가 되어가는데
호남대학교 AI교양대학 초빙교수로서

조금도 부끄럽지 않고 부족함이 없도록
나의 수업과목인 "자기개발과진로" 수업에 대해

급변하는 시대변화 흐름과 미래변화 트랜드를 감안하여
늘 연찬하고자 한다.

20대초반 대학생들과 함께 하면서
나의 제2인생 생활을 멋지게 알차게 보내고자 한다.

# 51

\# 일상의 소소한 삶 현장속에서

## 나의 이미지 메이킹

또 새로운 한해가 시작되었다.

새로운 많은 계획도 세웠는데
그중에 나의 건강을 위해 행동으로 실천하고자 하는 것이다.

매일 수영하고 매주 등산하는 것이다.

그래서 첫주 토요일날 교회산악회에 참여하여
무등산 서석대 등반에 성공했다.

오랫만에 서석대 등반이라 부담감을 가지고 출발했으나
구비구비 힘든 구간은 포기하고 싶은 순간들도 있었지만
참고 견디어 내며 나자신 인내력을 키워갔다.

세찬 바람과 강한 추위
지난 년말에 내렸던 눈들이 아직도 녹지 않아
아이젠 착용하고 눈위를 안전하게 올라 갈수가 있었다.

드디어 정상 서석대에 올라가 보니
세상이 나의 것이 된듯한 느낌을 받았다.

마침 태극기를 휘날리며 서석대 등정을 기념하고 싶어서
덩달아 태극기를 휘날리면서

"나도 서석대 정상에 왔노라" 라고 함성을 크게 외쳐본다.

이렇게 2023년 새해 첫주말 토요일 산행은
금년 한해를 건강하게 인도하리라 본다.

특히 세상을 창조하시고 운행하시는
하나님께 의존하면서 성경말씀을 묵상하고
늘 기도하며 일상가운데 믿음생활을 굳건하게 하고자 한다.

주님의 은혜로 날마다 일상의 삶이
즐거움과 기쁨과 감사함이 넘치는
놀라운 상황들을 맞이 할 것이다.

나는 믿는다. 내게 믿는 만큼 나에게 다가오는 기쁨들을 ~~~
이렇게 나의 다짐속에서 나의 모습을 그려본다.

주변 아름다운 환경속에서
넌 할 수 있어,
넌 무엇이든 할 수 있어,
넌 멋지게 살아가고 있는 사람이야,

이렇게
나 자신을 칭찬해 보면서

내가 더욱 성장하고
더욱 발전하는 김정대가 되려 한다.

## 52 / # 일상의 소소한 삶 현장속에서

# 환한 미소속에 "띵킹디자이너" 생각

웃음의 마력은 얼마나 될까요?
웃음의 매력은 얼마나 될까요?
웃음의 위력은 얼마나 될까요?
웃음의 영향력은 얼마나 될까요?

웃음은 세상을 살아가면서 사람들과 관계를 맺어 가면서
가장 중요한 요소이기도 한 것 같다.

웃음은 많은 사람들을 나의 곁으로 끌어 들이는 것 같다.
그래서 올해도 여전히 내 얼굴에 미소를 친구삼아
나의 곁을 함께 할 것이다.

미소는 우리의 삶을 건강하게 하고
미소는 우리의 삶을 활기있게 하고
미소는 우리들이 하는일을 신명나게 한다는 것이다.

참으로 신기하고 신비스러움을 믿고 행동으로 옮기는 자들만이
이해하고 맞다는 박수를 보낼 것이다.

그대는 세상속의 사람들이 겪고 있는 어려움과 힘듦과 고민들을
언제든지 들어주고 위로해 주고 함께 해주고 해서

새로운 힘과 또다시 일어 설 수 있는 용기를 제공하려 한다.
그게 띵킹디자이너의 본연의 모습이기에 2023년에도 다가가리다.

대학캠퍼스에서는 20대 대학생들에게 자기개발과 진로에 대해
창업을 꿈꾸고 있는 청년들에게는 희망과 가이드라인을 그려주면서

사회적 기업인들에게는 사회적가치와 경제적가치를 동시에 추구하면서
지속성장 할수 있는 미션과 경영전략에 대해서도

함께 생각을 나누며 기업이 가야할 방향을
함께 제시 해보는 시간이 참 귀하게만 느껴진다.

# 53

\# 일상의 소소한 삶 현장속에서

# 항상 매사에 감사하라.

오늘도 나는 어제와 다름이 없는 듯한 하루를 시작한다.

내가 살고 있는 농성동주택가 동네에 위치한 메가커피점을 향해 오늘도 백빽을 메고 나온다.

카페에 도착하여 도로가 보이는 창가쪽에 앉는다.
지나가는 사람들과 도로위의 차량통행을 물끄럼이 바라본다.

사람들의 움직이는 생활 패턴속에서 차를 타고 어디론가
빠르게 급하게 달려가는 자동차들의 모습을 보면서
마음속으로 조용히 생각들을 정리해 본다.

요즈음 세상살이가 심상치가 않다.
해외에는 튀르키에 가지안테프 북서쪽 133키로지역에서
7.8강진이 발생하여 3,800여명의 사망자가 발생하였다.
국내에는 신안 임자도 해안에서 어선이 전복침몰로 7명이 실종되었다.

이러한 국내외 뉴스속에서 우리가 살아가고 있는 지역이나 살고 있는
동네의 안전성에 대해 생각해 본다.

하루 하루 안전하고 평화스럽게 살아 갈 수 있다는 것,
내가 살고 있는 곳에서 편하게 숨쉬고 생각하고 지낼수 있다는 것이
얼마나 감사하고 좋은일인지 다시한번 우리를 되돌아 보게 한다.

우리는 마냥 아무런 생각없이 살아가는 듯하고
우리는 언제까지나 안전하게 오래만 살 것 같은 착각속에서 살아가고 있다.

이러한 사건사고들을 접하면서 얼마나 감사한 일들이 많은지 다시한번 생각하게 된다.

우리가 살아가면서 어떻게 사는 것이 진정한 행복인지 다시한번 생각하게 한다.
매일 웃으려고 노력하고 매일 감동하려 애쓰고 매일 나눌려고 주변을 살펴보고

이러한 생각과 행동의 변화속에서 진정한 인생살이 속에서
행복을 만나며 행복을 느끼며 살아가고 싶다.

# 54
\# 일상의 소소한 삶 현장속에서

# 장흥 천관산을 등반하다.

금년들어 6학년의 인생을 살아가면서
120세까지 건강하게 오래 살기로 마음 먹었다.

이러한 생각이 행동으로 옮겨서
신체 건강도 젊어져야 하기에
2023년 올해부터 매주 토요일이면 산행을 하기로 했다.

내가 공직생활을 처음으로
시작했던 장흥군 관산읍사무소가 있는 천관산을 찾았다.

내가 근무했던 청년의 시절에
천관산에 봄철에 불이 나서 진압하려고
이곳 천관산까지 올라왔던 기억도 있다.

내가 근무했던 청년의 시절에
천관산에 봄철에 불이 나서 진압하려고
이곳 천관산까지 올라왔던 기억도 있다.

그러나 오늘은 광주제일교회 산악회 회원들과 함께
제일 힘든 코스를 택해 천천히 꾸벅꾸벅 정상까지 올라 왔다.

이곳 정상에서 쾌감을 만끽하고자 오른팔을 높이 들고
"세상은 나의 것이다" 라는
잠시 착각속에서 자신감있게 크게 외쳐본다.

정말 천관산은 바위들로 아름다웠고
하늘을 찌르는 듯한 봉우리들이 대단한 장관을 이루고 있었다.

자연의 신비함.
하나님이 멋지게 천지를 창조한 한 작품처럼 보였다.

나는 매주
멋진 산들을 찾아서

그곳에서 건강을 되찾고
그곳에서 자연의 신비함에 늘 놀랄 것이다

이렇게 살아가는 인생이 행복한 인생이 아닌가?

많이 웃고
많이 감사하고
많이 배려하는 삶속에서

또 다른 행복을 만나고 싶다.

# 55
\# 일상의 소소한 삶 현장속에서

# 대학캠퍼스에 복사꽃이 만개하다.

2023년 호남대학교 자기개발과진로 1학기 수업이 시작되었다.
나로선 2016년9월1일부터 지금까지 6년 6개월, 총 14학기 수업을 시작해 본다.

아침 9시 수업이 시작되어 8시40분정도 학교주차장에 도착한후 파킹후
주위를 둘러보니 주변 봄꽃이 활짝 피어 나를 반겨주어
내 마음이 아침에 활짝 열려 수업 진행에도 도움을 주기도 했다.

수업에 수강신청해 준 친구들은 46명으로
1학년 새내기가 9명, 2학년 15명, 3학년 10명, 4학년 12명 등

건축학, 물리치료학, 간호학, 유아교육학, 전자공학, 응급구조학, 임상병리학, 항공서비스학, 축구학, 미래자동차공학, 관광경영학, 사회복지학, 소방행정학, 식품영양학, 뷰티미용학, 컴퓨터공학도,경찰행정학 등
17개 다양한 학과 학생들과 한학기를 진행하게 되어 기쁘고 기대가 된다.

오늘 첫 제1강의를 통해 교수소개, 생각 나누기, 자기개발과진로 강의운영 방향, 제15강 커리큐럼 소개 등 한학기동안 수업진행에 대해 자세하게 소개하고 서로의 생각과 마음을 나누는 귀한 시간을 가졌다.

특이사항으로 전국에서 모인 축구학과 1학년 5명이 나의 수업을 듣고 있다.

이들은 고등학교시절까지 축구선수로 활동한 친구이기도 하며
호남대학교 축구부 활동을 통해 역량을 높여
유명한 선수가 되는 포부를 갖고 적극적으로 활동하고 있다.

오늘 제1강을 통해 강의 진행 로드맵 소개와
"나는 누구인가?" 나를 발견해 가고 개발해 가는
유익하고 알찬 수업이 되도록 하고자 한다.

이 수업을 통해 나름 "자기인생 설계서"를
최초로 작성해 보는 동기부여의 시간을 갖고

앞으로 자기진로 방향에 대해서도
서로 고민해서 나름 설정해 보는 귀한 시간들로 진행할 것이다.

모든 부문에서 기대가 된다.

# 56
# 일상의 소소한 삶 현장속에서

## 베트남 다낭여행을 떠나다.

다낭여행을 코로나로 인해 3년동안 여행을 가지 못하다가
모처럼 가까운 베트남을 결정하고 무안공항에서 출발했다.

공직을 같이 마무리했던 동료이자 친구인 형준부부 가족과 함께 3박5일
일정으로 다낭지역만 여행하는 패키지 관광이었다.

여행은 어디로 떠나는가도 중요하지만 누구와 함께 떠나는 것도
중요한 것 같다.

한달에 한번 오찬미팅으로 세상사는 이야기하며
편하게 지내는 사이인지라

이번 여행도 서로를 향한 관심과 사랑과 배려함속에서
웃을 일만을 만들어 서로 즐겁게 여행을 마치고 왔던 것 같다.

여행중에는 모두가 느끼겠지만 여행도중에는
세상사는 복잡한 생각은 나지 않고

현지에서 처음으로 보고 즐기는 순간속에
매몰되어 세상 복잡한 시름 다 내려놓았던 순간순간들이
참 행복 했던것 같다.

숙소는 해변 바닷가에 위치하여
아침에 일찍 일어나 모래 해변을 거닐며
떠오르는 햇살의 싱그럽고 멋스러움도 눈으로 보았다.

두손을 잡고 두팔을 벌리고
사랑한다는 마음을 전하면서
순간 바닷가 세상을 우리의 것으로 만들어 보았다 .


베트남은 우리나라가 파병하여 도왔던 나라이고
우리 동남아지역으로 말투만 다르지 같은 동양인으로 이질감은 없었다

그래서 그런지 정겨움과 순박함이 많이 있었던 같다.

여행하는 동안
우리 부부는 코로나 기간을 지나면서 힘들었던 순간들을
모두 이곳 바닷가에 씻어 내고 싶었다.

다낭여행중에 인상적인 곳은
바나힐로 케이블카를 타고 가는 곳으로

산꼭대기에 1923년 프랑스 식민지 지배시절에 세워진
다낭 유일한 천주교 성당과
기타 공간들을 멋스럽게 고품스럽게 도시를 만들어 놓은 듯한
느낌이 들었다.

이곳에서 다양한 공연을 하고 있어 우린 눈이 즐거웠다.
여행중에 아내와 함께 다정하게 포즈를 취하고 찍은 사진들을 보면서

우린 정겨운 부부,
사랑이 넘치는 부부,

때론 너무 서로를 사랑하는 마음이 과하여

때론 말다툼까지 하는 부부,

닭띠와 호랑띠가 만나 인연을 맺은 부부이다.
다시 한번 서로를 확인하는 귀중한 시간이 되는 추억의 여행이었다.

# 57

# 일상의 소소한 삶 현장속에서

## "필리필리 치즈 스테이크"

사랑하고 든든한 아들이 8년동안 서울 투자벤처회사에서 성실하게
근무하면서 지난해는 많은 성과도 내면서 자랑스럽게 다녔는데

언젠가는 이 회사를 정리하고 나와야 하는 것에 늘 고민이 많았는데
결국 평생 직업군인 자기사업장을 만들어
수원의 새로운 땅에 사업을 도전한 것이다.

수원 행궁동은 조선 제22대 정조대왕이 실학사상을 바탕으로
백성과 더불어 살고자 건설한 수원화성에 자리잡고 있는

수원의 역사와 문화유적이 곳곳에 살아 숨쉬고 있는 그곳에 미국 필라델피
아 음식인 필리필리 치즈스테이크 맛집을 새롭게 시작 했는데 많은 사람의
시선을 받고 있다.

나도 필리필리 치즈스테이크를 처음으로 미국 필라델피아 음식으로 알게 되었고 오픈 전날 시식을 가족과 함께 했는데 정말 맛있게 먹었다.

우리나라에서는 서울 이태원, 성수동에 이어서 수원에 3번째로 오픈하게 되어 기대가 크다고 한다.

아들이 분당부근에 바이크족을 위한 뱅어스카페를
1년 넘게 운영하면서 많은 경험을 쌓았으리라 보면서

이번 사업장에 그경영 노하우가 녹아 들어 많은 사람의 눈길과 입맛을 사로 잡는 핫 플레이스가 되기를 기대하며 응원하고자 한다.

모든 사람들이 번호표 뽑아들고
최소한 20~30분정도 기다리는 수원의 맛집이 되어 달라고 말입니다.

이렇게 꼬옥 이루워지도록 많은 관심과 사랑을 부탁드리며
오픈식날에는 매장앞에 기다리는 손님들

특히 뱅어 카페를 이용했던 손님들이 고맙게도 관심을 갖고 찾아주어 지나가는 사람들의 시선을 붙잡았다.

하루하루 한주한주 한달한달 천천히 사업장을 널리 알리는 홍보에도 주력하고 이 집만의 미쿡식 맛을 유지하면서 사람들의 사랑을 받는 주님이 늘 축복하는 사업장이 될 것을 믿는다.

오늘도 그곳에서 멀리 있지만 늘 쉬지 않고 기도하는 사람들이 있다는 걸, 사업장 대표인 아들은 믿고 나아 갔으면 좋겠다.

# 58
\# 일상의 소소한 삶 현장속에서

## 루프탑 항아리 카페의 하루

지난 겨울동안은 눈내리고 바람불고 해서
우리집 카페도 동면에 들어갔는데

2023년 새봄을 맞이하여 쌓인 먼지도 제거하고
다육이도 다시 옥상으로 옮겨서 새롭게 루프탑 카페모습을 되찾았다.

이곳은 정말 우리들에게 이곳에서 기도하게 만들고
이곳에서 새로운 생각을 하게 하고

이곳에서 복잡했던 하루의 일정을 정리하게
하는 힐링공간이기도 한다.

봄이 되어 봄꽃 화분을 탁자위에 올려 놓고 봄의 향기를 같이 나눈다.
장독항아리에 빗물을 가득채우고 장독 뚜껑에 물을 채우고

동백꽃잎을 띄우고
바람결에 움직이는 모습을 보면서 세월흐름도 감지해 본다.

우리집 루프탑카페에 밤이 찾아오면 감성조명으로 불을 밝혀본다.
별모양도 불빛도 켜고
나름 분위기 있는 감성공간을 연출해 본다.

낮에는 낮대로 밤은 밤대로
우리들에게 새롭게 다가오는 이 공간은 정말 우리들에게 많은 것을 제공한다.

때론 손님을 이곳에서 맞이하고
정겨운 대화를 나누는 순간속에서 길고 먼여행을 떠나온 캠핑족처럼~~

우리는 흘러가는 시간속에서 인생을 노래한다.
순간 순간 어떠한 가사가 담긴 노래를 하는가에 따라  삶의 결이 달라진다
하겠다.

시간과 여유가 있는 사람이면 누구나 루프탑카페 이용권이 주어진다.
그것도 무료 서비스로 여기에 오신 분들이 따뜻한 마음과 서로를 향한
애틋한 사랑만을 주시면 된다.

# 59
# 일상의 소소한 삶 현장속에서

## 순천정원박람회 그곳에서

2023년 새봄이 익어가자 순천에서 정원박람회가 진행되고 있어
우리 부부는 이곳을 찾기로 하고 4월의 한가로운 날 주말을 택해서
우리는 이곳을 찾았다.

도착하는 순간부터 화려한 예쁜꽃들이 우리를 반가히 맞이해 주는 듯해서
기분이 정말 좋았다.

이곳은 네덜란드에 가야 볼 수 있는 풍차가 우리를 반기었다.
튜율립을 포함한 예쁜 꽃들이 우리를 반겼고

우리 부부은 이곳에서 추억을 남기려고 사랑의 하트를 남기면서
이곳 분위기에 취해 눈이 호강하는 시간을 보냈다.

나는 이 대정원속에서 순간 주인공이라도 된 듯 하늘을 향해 두손을 펼치고 환호성도 지으며 얼굴에는 환한 미소로 이곳의 예쁜꽃들과 다소곤하게 대화를 나누는 심정으로 시간을 보냈다.

아름다운 자연, 예쁜 꽃들속의 나는
마냥 웃는 얼굴속에서 세상의 기쁨을 나의 것으로 만들어 내고 있다.

행복이란 어디에 있는가?
오늘 지금 이 순간속에서 찾아본다.

그래 지금까지 인생을 살아오면서
많은 어려움과 힘든 나날속에서 지내왔지만 그날들이 있었기에

오늘 나에게는 더 기쁘고 행복한 시간을 맞이하고 있지 않는가.
미국 펜실베니아대학 심리학 교수이자 긍정심리학자인 마틴 셀리그먼이
행복의 공식을 5가지 PERMA 만들었는데

항상 5가지를 행동으로 옮기고 실천 했을 때
진정한 행복 플로리시(Flourish) 상태에 다다르게 된다고 한다.

긍정적인 감성(Positive emotion), 몰두(Engagement), 관계성(Relationship), 의미(Meaning), 성취(Accomplishment)
나 역시 5가지 PERMA공식을 행동으로 실천하려 노력해 본다.

이곳 순천 정원박람회장에서 시작한 나의 생각과 행동을 삶속에서 실천해 옮겨서 번성한 상태인 진정한 행복을 누리며 살고 싶다.

## 60 / # 일상의 소소한 삶 현장속에서

# 방학중에 찾은
# 대학캠퍼스

2023년 1학기 호남대학교 AI교양대학 자기개발과진로 수업을
기말고사를 마지막으로 종강 했는데
벌써 대학교수로서 제2인생의 생활이 7년이라는 세월이 빨리 흐르고 있다.

제2인생을 살아가면서 어려움과 힘듦도 있지만 그보다 더 보람된 일이 많은 것 같아 나의 건강이 허락하는 한 대학캠퍼스에서 20대 청춘들과 함께 하는 이 길위에 열정을 보내고 싶다.

이번 학기에 나의 수업을 수강해 준 47명의 성적을 종합평가하고
그 결과 단표를 학부에 제출하기 위해 대학에 찾았다.
여름 장마기간이라 비가 아침부터 내리고 있는 대학캠퍼스는 푸르름으로 조용하기만 하다.

이번학기에 수업을 들어준 친구들의 학업성적이 대체적으로 우수하여
이번 상대평가로 A학점을 30%정도 처리해야 하기에 어려움이 많았다.

왜냐하면 A학점 안에 들어온 친구들이 48%정도로 평가시스템에 맞게
18%정도를 B+학점으로 조정하는데 많은 어려움도 있었지만
열심히 수강해 주고 우수한 성적을 보여 준 내 수업받은 친구들이 멋지기도 했다.

AI 교양대학에 성적단표를 제출하고 나서
방학기간이지만 대학자율주행차 연구소에서 나와서 연구하고 있는

미래자동차공학부 3학년 남혁, 휴준이를 콜링해서 대학내 커피점에서 만나
한학기 수강한 소감과 편안한 마음으로
인생이야기도 하면서 격이없는 시간도 보냈다.

이 두 학생의 목표는
현대자동차 자율주행 관련 R&D연구소 입사를 향해
대학내 연구소에서 각종 자동차관련 대회를 연구하고 준비하며

미래 자동차 발전에 연구하는 모습들이 대견해 보였고
이들의 앞날이 계획대로 성취되길 응원을 보낼 것이다.

## 인생스토리를 마무리하면서.

세월의 흐름속에
산속의 나무들은 한해 한해 보낸 자국들을 원을 그려가며 나이테를 남기고
호랑이는 죽으면 살아온 흔적을 가죽으로 남긴다고 한다.

그럼 우리 인간은 생을 마감할 때 무엇을 남기고 있는가?
나는 애써 이렇게 답변을 해본다.
김.정.대 라는 이름 석자 만이라도 남기려 한다.

이름처럼 공명정대하게 살아오지는 못했지만
때론 힘들었고 때론 좋았던 일상의 삶 흔적들을
가감없이 여기에 남겨 보았다.

지금까지 나의 인생스토리 가운데 함께 해주셔서 감사를 드리며,
여러분의 삶도 향기나는 흔적을 만들어가면서

어떠한 상황 속에서도 흔들리지 않는 오뚜기 같은 인생
웃음과 사랑을 전하는 행복공장 CEO가 되길 바라 본다.

띵킹디자이너   김정대